日本料理

前菜と組肴

分とく山
野﨑洋光

柴田書店

はじめに

西麻布に「とく山」を開店してから、早いもので三十七年が過ぎようとしています。

この本のタイトルにある「組肴《くみざかな》」という言葉は、みなさんはあまり聞きなれないのではないでしょうか。「組肴」は、前菜や八寸的なものなのですが、一品料理として提供できる酒肴を集め、調理法の違うものをバランスよく季節感をもたせて一皿に盛り込んでいる献立のことです。

先付のあとに「前菜」を、後半に「組肴」を提供する現在のスタイルは、開店当初から始めたものではありません。「分とく山」を開店し、これを南麻布に移転して2年ほどたってから、「少しずつ沢山の味を楽しみたい」というお客さまのご要望で始めたスタイルです。

ちなみに平成元年頃、ここに移転する以前の前菜は、小鉢を一品ずつお出しして5品提供するというスタイルをとっていました。

「分とく山」のコース料理は、看板料理の「鮑の磯焼」以外は週がわりで全品かえています。長年通っていただいているお客さまのご意向や好みによって、私の料理はかわり続けてきたのだろうと思っています。「前菜」と「組肴」をコースの中心に据えて、その前後の献立を構成していきます。

十数種の肴を諸々の味や形につくり、その上季節感を加味しなければならないのですから、献立づくりは大変な仕事ですが、反面新しい料理を考える楽しみもあります。

有難いことに、私どもの店に何十年もの間、毎週ご来店いただいているお客さまがいらっしゃいます。もちろん気にそわねばお叱りを受けます。しかしこのお客さまがいらっしゃらなければ店の進歩も私の進歩もなかったでしょう。

こうしてまがりなりにも店を続けてこられたのは、良いスタッフに恵まれたからだと思っております。彼らが私と「分とく山」の良き理解者であることはもちろんですが、日々の仕事の中で、朝から夜中まで勉強しようという意欲は素晴らしく、ほどよい緊張感の中にも笑顔を絶やさない姿は、この時代にあって得がたいものです。

良きお客さまに恵まれ、良きスタッフに恵まれたことは、料理人冥利に尽きます。二十七歳からずっと続けたカウンター仕事の間にも、沢山のお客さまから教えをいただきました。

そんな中で写真家の秋山庄太郎さんにはとり分けかわいがっていただきました。

「人間として、料理人として前を向き、謙虚であれ」という言葉は、私が二十八歳のときに教えていただきました。

「四十歳までは人の話を聞く耳を持って勉強しなさい。そしてその後は自分の意志をしっかり持った仕事をしなさい」という秋山さんの教えは今でも私の耳の奥にはっきり残っています。

あたり前の仕事を、普通にあるがままに行なってきました。日本の風土に合った料理をつくり、時代の流れに向き合いながら仕事をしてまいりました。近年は本当にいろいろなスタイルの店があります。型にはまらない自由さはとても楽しいものです。しかしどんなスタイルのお店であっても仕事をする上で大切なのは「勉強」です。

「勉強」は料理だけに限ったことではありません。文学、歴史、サイエンス、芸術にいたるまであらゆるジャンルを興味をもって学んでください。そしてその中から、自分に必要な知識を、自分の引き出しにしっかりと蓄えてください。

数々の知識をもって料理をつくり、カウンターに立ち、お客さまと話ができることは、まさに料理人の喜びです。これが自分の言葉を生みます。人の受け売りではなく、自らの経験に基づいた言葉は、新しい料理を生み出します。どうぞ楽しみながらお客さまと自分の料理を共有してください。

本書がそのための手助けとなれば幸いです。

最後に、永きにわたって私の料理写真を撮っていただいた職人カメラマン、小林庸浩氏に心から深い感謝を申し上げます。

二〇一五年十一月

分とく山　野﨑洋光

日本料理 前菜と組肴◎目次

夏　74

冬 178

撮影●小林庸浩
装丁レイアウト●阿部泰治［ペンシルハウス］
データ修正●高村美千子
挿画●外村節子
編集●佐藤順子

本書を読む前に

❶ 第二章の料理は春夏秋冬に分類した。春は三月、四月、五月。夏は六月、七月、八月。秋は九月、十月、十一月。冬は十二月、一月、二月とし、それぞれの月の前菜と組肴を掲載した。
❷ 毎月2アイテムの前菜と組肴を収録した。それぞれ前菜①、組肴①、前菜②、組肴②として紹介。①は月の前半、②は後半に撮影した料理である。
❸ それぞれの料理は［冷］［温］［常温］と区別した。これは「冷たい料理」「温かい料理」「常温の料理」という意味である。提供時の状態を記した。
❹ 料理解説頁の材料表で、数量の単位記号がないものは、割合を示している。
❺ 文中で（→★頁）と記載されている場合は、★頁を参照する。たれ、地、衣、合せ調味料などについては、参照頁の配合とつくり方に準じて用意する。

第1章

料理と盛りつけのコツ

前菜と組肴の料理

「分とく山」では、コース前半の先付のあとに「前菜」を、後半に「組肴」を提供しています。本書では一つの「前菜」「組肴」にそれぞれ5品ずつ料理を用意しましたが、実際に店で提供する場合、その時々で品数は増減します。いずれも前後の献立を考慮に入れつつ、その季節に合った酒肴をつくって盛りつけています。

1 季節を楽しむ料理

「前菜」はコースの前半で提供します。ですから、まず「前菜」でその日の季節を感じることは、日本料理を楽しんでいただく上では大事です。

走りや旬の食材や季節の掻敷を使うことはもちろんですが、私はいつも遊び心をもって料理をつくってお客さまにお出ししています。たとえば七夕の季節ならば短冊に切った野菜を散らしたり、月見の季節には満月に餅をついているウサギを飾ります。二月の節分には、キンコを鬼の金棒に見立てたりもします。日本料理は食べておいしいだけでなく、目でも楽しんでいただきたいものですね。

料理を何かに「見立てる」だけでなく、献立名に季節や行事にちなんだ言葉をかけたりもします。たとえば花見の季節のミルガイは「花見る貝」と献立に書きます。また行者ニンニクを使った焼物は、行者にかけて「論焼《さとりやき》」とします。珍味のカラスミは通常時は唐墨という漢字を使っていますが、正月には「唐寿美」としておめでたさを表わします。

日本料理を生業《なりわい》とするならば、私たちは食材の産地だけでなく、日本の自然や行事や風習などを知らなければなりませんね。そしてそれを料理の中に表現すれば、カウンターのお客さまと会話を始めるきっかけをつくることができます。

地方で営業していらっしゃるならば、土地の食材を取り入れて、その地ならではの祭りやお祝いなどを料理に表わしたらいいですね。都会から訪れるお客さまは、形式だけのものでなく、その土地の料理を楽しみになさるはずです。

2　熱い料理と冷たい料理

以前は「八寸」や「前菜」といえば、あらかじめ仕込んでおいたものを盛りつけて提供するというのが一般的でした。しかし最近では熱い料理や冷たい料理を盛り込むことが多くなってきました。

肌寒くなってきたら温かい料理を増やし、暑い季節には冷たい料理を増やす。食材のバラエティや盛り込む料理数の多さだけでなく、温度に変化をつけることで、食感にもバラエティを与えることができ、より多くの満足感を感じていただけるようになります。

つまり一皿に数品を盛り込む「前菜」や「組肴」であっても、つくりたての料理が求められるようになってきたということです。

3　猪口や豆皿を使う

以前は器の上に器を盛ると、器がぶつかる音がしてやかましいので、よしとされていませんでした。しかし最近では猪口や豆皿を使って、汁気のある料理や、餡を掛けた料理を提供することが普通になっています。

こうした料理は、寒い季節には体を温めてくれるし、暑い季節には喉を潤してくれます。このように食べておいしい料理を提供するために、猪口や豆皿が必要となってきました。

また隣り合った温かい料理と冷たい料理の、それぞれの温度が保たれるという利点もあります。このときに気をつけなければならないのは、猪口などを安定させるということです。猪口が動いたり、器に傷がつくおそれがある場合は、猪口の下に懐紙などを小さく切って敷くといいでしょう。

4　新しい料理をつくるコツ

「前菜」や「組肴」は季節感を表現する大切な献立です。ですから頻繁に料理を入れかえなければなりません。どれだけの数の料理をそろえられるか、料理人の腕の見せどころです。新しい料理を考え出すことはむずかしいのですが、反面新しいものをつくり出す楽しさもあります。

私は新しい料理を考えるときに、相性のよい複数の素材同士をつなげて展開します。たとえば「カツオの相方は何にしようか」と考えるときに「カツオにはショウガが合う。ではショウガが合う食材はほかに何があるだろう」「豆腐やナスはショウガが合うので、カツオにも合うはず」と展開していきます。

実際料理を仕上げるときには、まずお客さまの口の中の状態を考えてデザインし、構築します。たとえば大きさです。和え物の具材を切るときも、寄せ物を切り出すときも「2.5㎝」の大きさを基準にしています。これは人間の口にすんなり入る大きさです。酒肴ですから、箸でつまみやすく一口で食べられることは大切な要素なのです。

5
料理の組合せ方

「分とく山」では「前菜」にはこの料理を、「組肴」にはこの料理を、といったきまりはとくにありません。両者の味つけも、さほど変えていませんが、季節によって味を少し変えています。

夏はさっぱりと酸味をきかせたり、喉越しのよいものを用意して食欲を促しますし、秋から冬にかけての寒い時期は、いくぶん濃厚な味の料理が増えてきます。その気候と身体に合った料理をお出しすることも、おいしく食べていただく上で大切です。

さてそれでは実際にどのように料理を組み合わせているかをお話しましょう。

「前菜」と「組肴」には、その日のコースの中に入らなかった調理法の料理を用意します。「分とく山」では、通常炊合せや揚物などはコースに入れません。魚の焼物などを入れないこともあります。ですから、献立に足りない焼物や揚物、寄物や野菜の浸し物などを「前菜」と「組肴」に入れているのです。調理法が違うものをバランスよく盛り合わせることで、コースのバラエティ感を高めることができます。そのうえで味の違うものを用意し、メリハリがつくように調味するよう心がけています。

どうしても旬の食材がコース内で重なってしまうこともありますね。そんなときは通年出回る食材を使っても、充分季節感を出すことができます。たとえばスモークサーモンはいつでも入手できますが、旬の梨でつくった梨餡を掛ければ、秋の料理になります。また卵黄の味噌漬けなどは、桜花形に抜けば春の料理になるのです。

旬のものですべてそろえるのもいいですが、視点を変えれば普通の食材でも充分季節感を表現することができるのです。

前菜と組肴の盛りつけ

前菜と組肴は、一口で食べやすくつくった酒肴の盛り合わせです。その時々のおいしいものを少しずつ数多くそろえて盛り込みますので、季節や自然、その時々の行事などに合わせた器づかいや掻敷などで、四季を大切にする日本料理ならではの華やかさを表現したいものです。

用意する酒肴は、器の形状などを考慮して、丸や角、三角と形に変化をつけ、大小、高低差をつけてバランスをとって盛りつけます。

猪口や豆皿を効果的に使うのも一つのやり方ですし、器の絵柄を生かして盛りつけてもいいですね。

それでは前菜と組肴の安定した美しい盛りつけのためのいくつかのポイントを挙げてみましょう。

1 いろいろな形、色の料理を用意する

器の形や料理の数などに合わせて、丸、三角形、正方形、長方形のように形や大きさ、高さを変えて、盛りつけのバランスをとります。

形だけでなく、その季節に合った色を配して季節感を表現します。赤や黄色、緑、黒など、盛り込んだ料理をきりっと締める色を入れるといいでしょう。

2 左側から盛る

盛りつけを決める基となる料理を本書では「台」と呼んでいます。数種類の料理の中でも高さのあるもの、大きなもの、盛りつけの華となるものを台とします。

台の位置は盛りつけの決め手となりますので、まず最初に決めて盛ります。一般的に左奥に配して安定感のある立体的な盛りつけにします。位置が決まったらそのほかの料理をバランスよく盛っていきます。したがって、料理は左側から右側に盛ることが多くなります。

3 器の形に合わせる

盛りつける器の形によって、盛りつけのポイントも変わります。先ほどお話したように左奥に台を配するのが基本ですが、丸い器ならば、台を中心に配して、その他の料理を放射状に盛るのもいいでしょう。段をつくって、高低差をつけるのも面白いですね。

丸皿

丸皿に四角の四方紅

丸い器に四角い白紙（四方紅）を敷きました。丸に四角の組合せです。台になるのは左奥の丸い猪口。手前に長方形の料理を盛り、小丸を右上に添えてバランスをとっています。（→２００頁）

角盆に高台の丸皿、上に正方形の金紙

角盆に高台のついた丸皿をのせ、バランスをとるために金紙を菱形のようにずらして敷きました。台となる猪口を左上に配して、高低差をつけた円柱形を2種、手前にとこぶしの貝殻、向こうに四角形の寄せ物を盛りました。（→２０８頁）

丸皿に正方形のクリスタル器

周りに絵柄のある丸皿は、中央が白いので正方形のクリスタル器を置いて、その透明感を生かしました。台はガラス製の猪口。その右隣に低い丸抜きの料理を盛り、手前に角形の料理を微妙にずらして配してバランスをとりました。（→１１４頁）

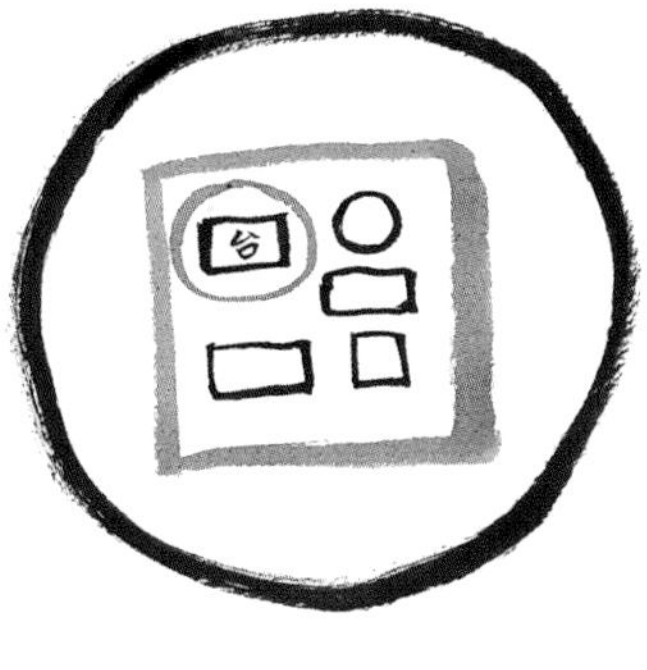

丸皿に放射状に盛る

月見がテーマの前菜なので、満月のような丸い平皿を用意し、放射状に5種の料理を盛りました。台はカボス釜で、やや中央をはずして左側に配しています。手前に丸と三角形を盛ってバランスをとりました。（→１３８頁）

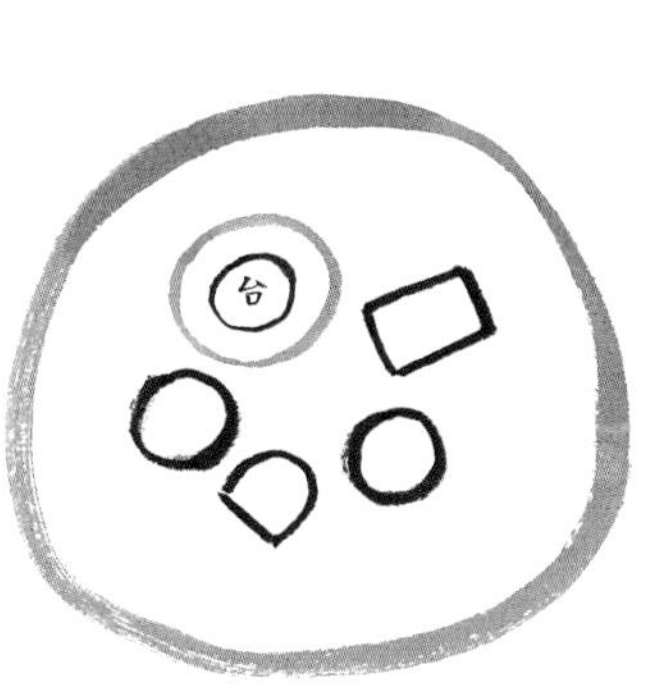

楕円皿

楕円長皿に角豆皿

細長い楕円形の器に角の豆皿を3枚盛り込んで、大小をつけた丸い料理を豆皿の間と右手に盛ってバランスをとっています。掻敷の真っ直ぐな水仙が全体を引締めています。（→228頁）

角皿

角箱皿にすすき

縁の高さを利用して最後に掻敷のすすきを斜めに差して動きのある盛りつけに。台となる料理は三角形のハマグリです。練塩の上に盛って高さを出しました。右手前に丸いスダチ釜、四角形と変形を間に挟み、手前に丸い料理を2種配してバランスをとっています。（→134頁）

四角の平皿に丸く盛る

正方形の平らな器に、丸を二つ合わせたような小皿を配しました。これが台となります。四角の皿の中央に、さまざまな形の料理を丸く寄せてまとめています。（→166頁）

長角皿

細長角皿に均等に盛る

平らな不定形の料理を盛るために、あえてかっちりとした高台のついた細長い角皿を選びました。左から1品ずつ均等に並べて盛り、間に芽茗荷を挟んで、高さを出しました。（→66頁）

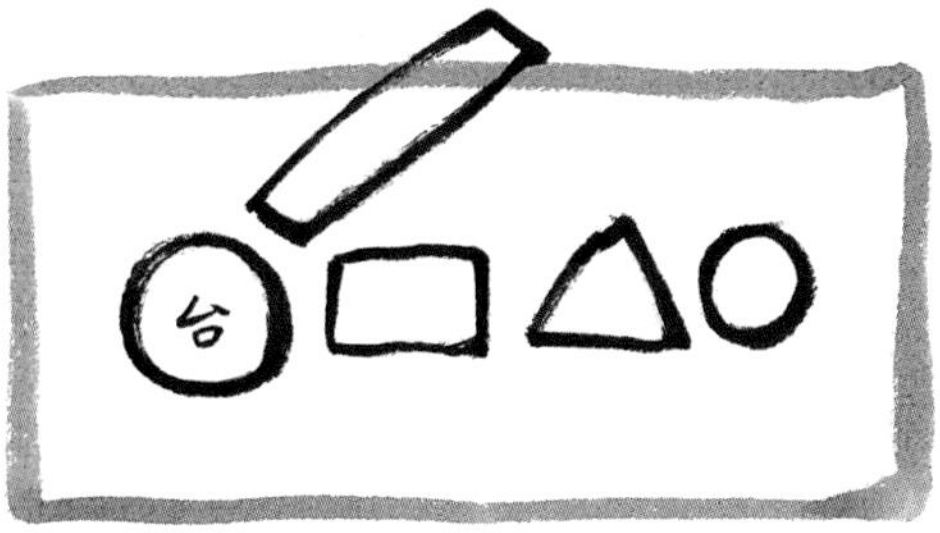

長角皿に丸、三角、長方形を均等に盛る

長い角皿に、丸、長方形、三角形と料理の形に変化をつけて均等に盛りました。破調の美をねらって大きく切った長いキュウリを器からはみ出すように添えています。（→78頁）

長角皿の中央に小高く盛る

同じ角皿ですが、こちらは幅広で両側が少し持ち上がっている形です。中央に寄せて盛ることで両側にアキができて末広がりが強調できます。台はガラス製の猪口です。裾野の広い富士山のように小高く盛りつけます。（→94頁）

長角皿に左側から盛る

幅のある角皿ですが、四方の縁がわずかですが持ち上がっています。左側の丸い猪口が台となります。これを基点にさまざまな形の料理を盛って、最後は小丸型。丸から始まって右手前の丸でおさめます。（→１４２頁）

長角皿

器のくぼみに杉板をかませる

両側が大きく持ち上がった器なので、くぼみに杉板を平らにかませて盛りつけました。杉板の上に3種、下に掻敷の葉を敷いて2種の料理を盛りました。台となるのは板上の左側の角の料理です。板を渡した段差が盛りつけのポイントとなっています。（→170頁）

絵柄を生かす

流れに舟と棹

楕円形の器に流れるような絵柄が描かれています。この絵柄に合わせて、左奥に舟に見立てたゆずり葉を敷き、台となる長方形の料理を乗せました。この台を基点に盛りつけを始めます。竹串を斜めに差して舟の棹を表わしてみました。（→212頁）

菊花を咲かせる

左から右に流れるように描かれた菊を生かした盛りつけです。台はしずく型の猪口で右奥に配します。手前に角に切った2種を横長と縦長に見えるように配し、2種の丸い料理を手前に盛ってバランスをとりました。（→130頁）

第2章

前菜と組肴　春夏秋冬

春
三月　弥生
四月　卯月
五月　皐月

春の歳時記

三月　弥生　やよい

行事●桃の節句、ホワイトデー、彼岸、卒業式、送別会

二十四節気●啓蟄《けいちつ》、春分

自然●仲春《ちゅうしゅん》、春爛漫、春一番、凍返る《いてかえ》、菜種梅雨、花ぐもり、桜前線、花冷え、冴え返る、甘雨《かんう》、朧月夜、春暁《しゅんぎょう》、芽生え、花月《かげつ》、竹の秋

揺敷●梅花、桜、椿、菜の花、猫柳、花山葵、葉山葵、ぼけ、桃の枝、雪柳

野菜●浅葱、独活、芥子菜、木の芽、キャベツ、春菊、筍、たらの芽、土筆、菜の花、野蒜、花山葵、葉山葵、春椎茸、ひじき、ほうれん草、三つ葉、蓬、若芽、蕨

魚介●鮟鱇、浅蜊、鮑、飯蛸、桜鯛、桜鱒、栄螺《さざえ》、針魚《さより》、鰆、鯛の子、鯛の白子、鰊、蛤、蛍烏賊、みる貝、春鰯、目刺、眼張、諸子

菓子、他●草餅、桜餅、白酒、菱餅、雛あられ、蕨餅

四月　卯月　うづき

行事●入園・入学・入社式、花祭り、十三参り、お花見

二十四節気●清明《せいめい》、穀雨《こくう》

自然●晩春、菜種梅雨、桜前線、花冷え、寒の戻り、春霞、清明風、

山里の桜

片栗の花

春の山

発火雨《はっかう》、油まじ、山笑う、春土用、晩霜、花おぼろ、花嵐

掻敷●うるい、桜の枝、石蕗《つわぶき》、葉桜、芽吹き枝、山吹

野菜●アスパラガス、独活、卯の花、行者大蒜《ぎょうじゃにんにく》、グリーンピース、こごみ、シドケ、ぜんまい、空豆、筍、菜の花、韮、花山椒、蕗、蕨

魚介●鮎並、赤貝、浅蜊、鮑、いかなご、伊佐木、鱚、桜鯛、栄螺《さざえ》、鰆、蜆《しじみ》、鯛の子、鯛の白子、床節、菜種河豚、蛤、蛍烏賊、鱒

菓子、他●桜花塩漬け、桜葉塩漬け

五月　皐月　さつき

行事●端午の節句、流鏑馬《やぶさめ》、こいのぼり、吹流し、菖蒲湯、ゴールデンウィーク、母の日

二十四節気●立夏《りっか》、小満《しょうまん》

自然●初夏、余花《よか》、五月晴れ、風薫る、翠雨《すいう》、はしり梅雨、八十八夜、田植え、麦の秋、時鳥《ほととぎす》

掻敷●青朴葉、青紅葉、いたどり、うるい、柏、蓬、花菖蒲、花山葵、葉山葵、石蕗、若葉

野菜●青山椒、アカシア、アスパラガス、キャベツ、行者大蒜、グリーンピース、こごみ、五三竹（根曲がり竹）、新ジャガイモ、新蓴菜、新玉葱、新茶、空豆、花山椒、蕗

魚介●鮎並、鯵、穴子、鮑、烏賊、伊佐木、鱚、桜海老、栄螺《さざえ》、鯖、稚鮎、鳥貝、初鰹、蛤、鱒

菓子、他●淡雪羹、柏餅、葛桜、葛餅、粽、水羊羹

れんげ畑

あやめの花

こいのぼり

三月 弥生

春爛漫。三月は桃の節句と桜です。ひなまつりが過ぎると、皿の上では一足先に桜の季節がやってきます。桜の花がほころび始めるのは下旬ですが、三月の献立には桜が欠かせません。

日本人ならばだれもがみな、心待ちにしている季節です。

緑銀紫釉菱形皿

三月［前菜］①

菱寄せ［冷］

桜鱒木の芽焼［温］

桜花玉子［常温］

生海胆 海老 葉山葵ゼリー掛［冷］

ひなまつりにふさわしい菱形の器を用意しました。雛人形の道具の一つである貝合せにちなんでハマグリの殻を用い、桃の花を添えて。

独活牛肉巻［温］

菱寄せ ［冷］

菱餅に見立てた三色の寄せ物です。牛乳のかわりに豆乳を使っているので、さっぱりと食べやすい味です。

だし200cc、水200cc、粉寒天3g、粉ゼラチン8g、豆乳400cc、塩・薄口醤油各適量
ヨモギペースト、食紅

❶ 鍋にだし、水、粉寒天を入れて火にかける。沸いたら弱火にして、木杓子で2分間ほど練る。ここに水で戻した粉ゼラチンを加えて溶かす。
❷ 別の鍋で豆乳を60℃まで温め、❶と合わせて塩、薄口醤油で味を調え、3等分にする。
❸ そのうちの1／3に適量のヨモギペーストを加えて冷まし、流し缶に流す。表面が固まり始めたら、何も加えない白い地をゆっくりと流す。さらに白い地の表面が固まり始めたら、微量の食紅で薄い桃色に色づけた地を重ねて流し、冷やし固める。
❹ 取り出して、菱形に切り出す。

桜花玉子 ［常温］

温泉玉子の卵黄を桜花型で抜き、タイのでんぶをまぶして、ぼんやりとぼんぼりに映る桜の花を表現しました。

卵
味噌床（白粒味噌、日本酒）
でんぶ（タイ、塩、砂糖、酢）

❶ 卵は常温に戻し、70℃の湯で20分間ゆでて、温泉玉子をつくる。卵黄を取り出して薄皮をむく。
❷ 白粒味噌を日本酒で少しのばした味噌床に卵黄を漬け込む。丸2日間漬けたら取り出して、クッキングシートに挟んで平らにのばす。桜花型で抜く。
❸ でんぶをつくる。タイは三枚におろして腹骨をそいで皮をはぎ、血合い部分を切り落とす。
❹ タイを一口大に切って熱湯でゆでる。火が入ったら冷水にとって手でほぐす。サラシで包み、水に浸けてもみほぐす。ほぐれたら水気を絞る。
❺ ❹をボウルに入れて湯煎にかけ、パラパラとほぐれるまで炒って、塩、砂糖、酢で味を調え、❷にまぶす。

桜鱒木の芽焼 ［温］

川に遡上する直前のサクラマスは、ふっくらと柔らかく脂ものってきます。1年後の桜の季節に川に戻ってくるので「サクラマス」と呼ばれるようになりました。身の色が赤いこともこの名の由来とされています。

サクラマス
三同地（日本酒1：味醂1：醤油1）
魚ダレ（醤油250cc、味醂250cc、ザラメ糖100g）
木ノ芽

❶ サクラマスは三枚におろして15gの切り身にし、三同地に15分間浸ける。
❷ 魚ダレの材料を鍋に合わせて火にかけ、沸騰したら弱火にして2割程度煮詰める。
❸ ❶の切り身に串を打って焼き、8割程度火が通ったら❷の魚ダレを掛けて仕上げ、叩き木ノ芽をふる。

生海胆 海老 葉山葵ゼリー掛［冷］

ひなまつりにちなんで、貝合せのハマグリの殻にエビとウニを盛り、ぴりっと刺激のある花ワサビゼリーを掛けました。

ウニ、エビ、ナガイモ
花ワサビ、砂糖
ゼリー地（だし8：薄口醤油1：味醂1：カツオ節適量、*粉ゼラチン）

*液体300ccに対して5gの粉ゼラチンを使用。

❶ 花ワサビは70℃の湯で約1分間ゆでて冷水にとる。ザルに上げて水気をきって砂糖をまぶしてもみ込んで辛みを出し、辛みと香りが飛ばないようにビニール袋に入れて密封して保管する。70℃は酵素が働く温度帯。100℃では酵素が死んでしまう。
❷ ゼリー地を用意する。鍋にだし、薄口醤油、味醂、カツオ節を入れて火にかけ、一煮立ちしたら漉す。水で戻した粉ゼラチンを加えて溶かし、冷やし固める。
❸ 器にゆでたエビ、ウニ、桜花型で抜いたナガイモを盛る。小口から刻んだ❶の花ワサビと❷のゼリーを混ぜ合わせて、上から掛ける。

独活牛肉巻［温］

牛肉巻に刻んだフキノトウをまぶし、その苦みでゴマダレの濃さを和らげて、食べやすくしました。

牛肉（薄切り）
ウド、酢、煮汁（昆布だし、塩）
小麦粉、サラダ油、ゴマダレ（味醂1：日本酒1：醤油1：練りゴマ1）、フキノトウ（みじん切り）

❶ ウドは皮をむいて、片側の端を切り離さないように包丁目を縦に入れる。次に反対側から90度回して同じように縦に包丁目を入れて味がしみやすくする。
❷ 湯を沸かし、湯量の3％の酢を加えて❶のウドを歯応えが残るようにゆでてザルにとる。
❸ 鍋に昆布だしと0.8％濃度の塩を加えて❷のウドを入れ、80℃で10分間ほど煮て味を煮含める。
❹ 牛肉を広げて❸を芯にして巻きつける。周りに小麦粉を刷毛でまぶし、サラダ油をひいたフライパンでころがしながら全体を焼きつける。
❺ ここに刻んだフキノトウとゴマダレを加えてからめる。食べやすく切る。

梅花皮長角盛皿

三月［組肴］①

姫栄螺利久焼［温］

花見る貝鱠［冷］

蓮の葉形の小皿、桜花形の大根、姫サザエの貝殻と変化のある形を盛り込むので、シンプルな角の長皿を用いました。台となる蓮の小皿から盛りつけます。

筍木の芽揚 牛蒡穴子射込［温］

浅蜊緑和へ［冷］

桜鯛手毬寿し［常温］

姫栄螺利久焼［温］

ゴマダレで焼くので利久焼とつけました。つくりおきせずに焼きたてをお出しします。

姫サザエ
利久地（だし4：醤油1：味醂1：カツオ節適量：練りゴマ2、ニンニク・ラー油各適量）
三ツ葉

❶ 利久地をつくる。鍋にだし、醤油、味醂、カツオ節を入れて火にかけ、一煮立ちしたら漉して冷ます。ここに練りゴマ、すりおろしたニンニク、ラー油を加えて混ぜ合わせる。

❷ 姫サザエは蓋をはずし、貝割を使って中身を取り出し、3等分に切って殻に戻し入れ、利久地を注いで、網で焼く。

❸ 姫サザエがぐつぐつ沸いて火が入ったら、ゆでて2.5cmに切った三ツ葉を散らして仕上げる。

花見る貝鱠［冷］

春先は貝類がおいしくなる季節です。「ミルガイ」と「花見(る)」をかけています。器のように桜花型で抜いた大根は、なますとしました。

ミルガイ
ワラビ（アク抜き↓234頁）、昆布立て（1.5%濃度↓232頁）
大根、塩水（3%濃度）、なます酢（↓233頁）
フキ、塩、昆布立て

❶ ミルガイは殻を開き、貝柱をはずして身を取り出す。水管を身からはずし、塩を20分間あてて黒い皮をむく。ヒモのついていない側から切り開き、先の部分を包丁でしごく。先を霜降りし、赤く色だしする。

❷ 大根は2.5cm厚さに切り、桜花型で抜く。さらに一まわり小さい桜花型で内側を半分くらいまで抜いて、中をスプーンなどでくり抜く。

❸ 3%濃度の塩水に❷の大根を2時間ほど浸けてしんなりさせたのち、なます酢に1時間仮漬けする。酢が水っぽくなるので一旦取り出して、新しいなます酢で本漬けする。

❹ ワラビはアクを抜き、昆布立てに浸ける。

❺ フキは塩ずりしてゆで、冷水にとって皮をむく。3cmに切って昆布立てに浸けておく。

❻ ❸の大根なますの酢をきり、包丁目を入れたミルガイを盛り、ワラビ、ゆがいたフキを添える。

筍木の芽揚 牛蒡穴子射込［温］

2種の揚物の衣には木ノ芽を混ぜ込んで、春の香りをまとわせました。タケノコは淡い味を生かすために、大根おろし汁でアク抜きします。

●筍木の芽揚

タケノコ（アク抜き↓234頁）
小麦粉、天ぷら衣（↓232頁）、木ノ芽
揚げ油、塩

❶ タケノコは皮をむいて6～8等分に切り、大根おろし汁、水、塩を合わせた中に2時間ほど浸けてアクを抜く。

❷ ❶のタケノコを水に10分間ほどさらし、よく水気をふく。天ぷら衣に叩き木ノ芽を混ぜる。

❸ 刷毛でタケノコに小麦粉をまぶし、天ぷら衣にくぐらせて、180℃の油で揚げる。仕上げに塩をふる。

●牛蒡穴子射込

アナゴ、煮汁（だし4：水2：日本酒2：醤油1：味醂1：砂糖0.5）、ショウガ（薄切り）
鴨頭ネギ（アナゴの1／10量）、煎りゴマ（アナ

ゴの1／20量）
ゴボウ、煮汁（だし25：薄口醤油1：日本酒0.5）
小麦粉、天ぷら衣（↓232頁）、揚げ油、塩

❶ アナゴは背開きにして霜降りし、冷水にとってヌメリを取り除く。

❷ 鍋に煮汁を合わせ、アナゴを入れて火にかける。一煮立ちしたらアクを取り除き、弱火で15～20分間煮る。仕上げにショウガを入れて火を止める。

❸ アナゴの粗熱がとれたら、すり鉢ですり潰し、鴨頭ネギ、煎りゴマを混ぜ合わせる。

❹ ゴボウは5cm長さに切り、米糠を入れた水からゆでる。柔らかくなったら、芯を丸くくり抜いて水からゆでこぼしてザルにとり、吸い地加減の煮汁で10分間ほど煮含めて火を止める。

❺ ❹の粗熱がとれたら、水気をきり、管にしたゴボウの内側に刷毛で小麦粉をまぶして❸のすり身を中に詰める。

❻ 周りにも小麦粉をまぶし、天ぷら衣にくぐらせて、180℃の油で揚げて、仕上げに塩をふる。

浅蜊緑和へ ［冷］

白和え衣に加えたキヌサヤのしゃきしゃきとした歯ざわりと、青っぽい香りが春のさわやかさを伝えてくれます。

アサリ、塩水（2％濃度）、日本酒
緑和え衣（キヌサヤ200g、水きりした木綿豆腐200g、砂糖大さじ4、薄口醤油大さじ1.5）

❶ アサリはかぶるくらいの塩水に2時間ほど浸けて砂抜きする。真水に5分間浸けて塩気を抜き、バットに広げ、日本酒少量をふって蒸し器に入れて、殻が開くまで蒸す。

❷ 緑和え衣をつくる。キヌサヤはスジをむき、歯応えが残るくらいに熱湯でさっとゆでて冷水にとる。

❸ ザルにとってキヌサヤの水気をきり、フードプロセッサーでペースト状にして、木綿豆腐、砂糖、薄口醤油を加えてよく回す。

❹ アサリの殻をはずし、❸の緑和え衣で和える。

桜鯛手毬寿し ［常温］

木ノ芽が透けて見えるように、マダイを薄くそぎ切りにして一口大の丸い寿しに。寿し飯に煎り玉子を混ぜて、菜ノ花の黄色を表現しました。

マダイ、塩、酢
寿し飯（↓232頁）、煎り玉子（↓218頁梅花蕪）、ショウガ（みじん切り）、煎りゴマ
木ノ芽
吉野酢（↓233頁）

❶ タイを三枚におろし、薄く塩をあてて20～30分間おいたのち、水で洗って水気をふく。さらに酢で洗って締め、水気をふいておく。

❷ 寿し飯に煎り玉子、ショウガ、煎りゴマを混ぜる。

❸ タイを薄くそぎ切りにする。❷を一口大にとって丸め、木ノ芽を挟みタイをのせ、サラシで茶巾に絞って丸める。

❹ サラシをはずして、タイの上に吉野酢を塗る。

緑交趾富貴春秋彫四方上り正角皿

三月［前菜］②

鮑息吹焼［温］

鯛子錦玉寄せ［冷］

菜の花に蝶 キャビア［冷］

桜香寄せ［冷］

福禄寿の彩色をほどこしたおめでたい祝いの皿を使いました。この器は秋にも使えるのですが、地色が緑色なので、おもに春に使っています。四角形の形状に、丸い図柄を四方に配した安定感のあるデザインです。

唐墨羽二重揚［温］

鮑息吹焼［温］

アワビをワラビ、ウド、タケノコ、桜麩とともに殻に盛り、フキノトウ味噌で焼きました。青寄せで色づけた白玉味噌にフキノトウを加えてほどよい苦みと香りをつけた味噌です。

アワビ、塩、大根おろし
タケノコ（アク抜き↓234頁）、煮汁（だし25：薄口醤油1：日本酒0.5）
桜麩、揚げ油、煮汁（だし8：薄口醤油0.5：味醂1）
ワラビ（アク抜き↓234頁）、ウド
フキノトウ味噌（白玉味噌300g、フキノトウ25g、青寄せ5g↓232頁）

❶ アワビは身に塩をたっぷりふってタワシでみがいて水で洗う（塩みがき）。身にたっぷり大根おろしをのせて、強火の蒸し器で約20分間蒸す。
❷ 蒸し器から取り出して常温で冷まし、大根おろしを取り除いて、身を殻からはずす。キモを除いて一口大のそぎ切りにする。
❸ タケノコはアク抜きをし、塩、薄口醤油で吸い地加減に味を調えた煮汁で煮含める。
❹ 桜麩は150℃の油で素揚げし、熱湯をかけて油抜きする。煮汁の中に桜麩を入れて、弱火で煮含める。
❺ ワラビはアク抜きをし、穂先から4㎝長さに切り、ウドは3㎝に切って篠にむく。
❻ フキノトウ味噌をつくる。フキノトウをゆでて刻む。白玉味噌にフキノトウと青寄せをすり混ぜて、水を加えて濃度を調える。
❼ 殻にフキノトウ味噌を入れ、アワビ、タケノコ、ワラビ、ウド、桜麩を盛って焼き台で温める。

菜の花に蝶 キャビア［冷］

ナガイモを菜の花にとまった蝶に見立ててむき、キャビアを添えてご馳走感を出しました。

菜ノ花、昆布立て（↓232頁）
ナガイモ
キャビア

❶ 菜ノ花は穂先から5㎝長さに切り、80℃の湯で約1～2分間ゆでて冷水にとり、水気を絞る。昆布立てに浸けて味をなじませる。
❷ ナガイモは蝶の形にむき、羽の間にキャビアを詰める。
❸ 菜ノ花を盛り、蝶に見立てたナガイモを添える。

鯛子錦玉寄せ［冷］

桜の花を型どったゼリー寄せです。錦玉は本来和菓子の名ですが、ここではタイの子を錦に見立てました。

タイの子、塩水（1％濃度）
煮汁（昆布だし8：薄口醤油0.5：味醂1）、ショウガ
ゼリー地（だし8：薄口醤油1：味醂1、カツオ節、*粉ゼラチン）、キヌサヤ、水前寺海苔

*だし150ccに対して5g使用。

❶ タイの子は塩水に浸けて血抜きする。薄膜を切って開き、沸騰した湯に入れる。花が咲くように開いたら、冷水にとって水気をきる。
❷ 煮汁を合わせて、❶のタイの子を入れて火にかける。煮立ったら弱火にして10分間ほど煮含めて、仕上げに針ショウガを加える。
❸ キヌサヤはスジを取って熱湯でゆでて冷水にとる。水前寺海苔は銅鍋で**色だしをし、みじん切りにする。
❹ ゼリー地をつくる。鍋にだし、薄口醤油、味醂、カツオ節を入れて火にかけ、一煮立ちしたら漉し、ふやかした粉ゼラチンを溶かして粗熱をと

る。みじん切りのキヌサヤと水前寺海苔を混ぜる。
❺ 流し缶にゼリー地を少量流し、❷のタイの子を敷き詰めてしばらくおいて固める。
❻ 残ったゼリー地を❺の上に流し、冷やし固める。提供時に桜花型（小）で抜く。

＊＊水前寺海苔は一晩水に浸けて戻す。銅鍋に塩と酢、あるいは醤油を入れて細目の金タワシで磨いて銅を削り出し、水を注いで水前寺海苔を20分間ゆでて発色させて水にさらす。

桜香寄せ ［冷］

桜葉の塩漬けを混ぜたチーズ地を寄せました。錦玉寄せと同様に桜花をかたどりましたが、錦玉寄せよりこちらを大きくして遠近感を出し、桜咲く山の景色を表わしました。

クリームチーズ300g、全卵10個、だし400cc、薄口醤油大さじ1.5、粉ゼラチン10g、桜葉塩漬け5枚

❶ 桜葉塩漬けはたっぷりの水に浸けて塩抜きをし、みじん切りにする。
❷ ボウルに常温に戻したクリームチーズ、卵、だしを入れてよく混ぜ合わせ、薄口醤油で味を調え❶を加える。
❸ 水でふやかした粉ゼラチンを加えて流し缶に流す。
❹ 中火の蒸し器に入れて約30分間蒸す。取り出して粗熱をとる。提供時に桜花型（大）で抜く。

唐墨羽二重揚 ［温］

カラスミに大根は定番の組合せですが、ご飯とも相性がよいので、餅で挟んで揚げてみました。中が見えないので、一口食べて初めてカラスミとわかります。

カラスミ
しゃぶしゃぶ用餅
桜葉塩漬け
小麦粉、天ぷら薄衣（↓232頁）、揚げ油、塩

❶ 桜葉塩漬けはたっぷりの水に浸けて少し塩分が残る程度に塩抜きをして縦半分に切っておく。
❷ カラスミを薄いそぎ切りにして、しゃぶしゃぶ用の薄い餅で挟む。
❸ ❷の周りに❶の桜葉を巻いて小麦粉を刷毛でまぶし、天ぷら薄衣にくぐらせて170℃の油で揚げる。軽く塩をふる。

錦万暦花型向付

三月［組肴］②

針魚蕗巻 黄味酢掛［冷］

瓢二色胡麻豆腐［冷］

鯛白子 キウイ酢掛［冷］

鰊木の芽焼［温］

帆立鮟肝挟み［温］

小手毬の花をかたどった器に、桜花形の猪口を組み合わせました。器の形に合わせて猪口は中央ではなく、やや右に配して全体のバランスをとっています。春らしいやさしい色合いの組合せです。

針魚路巻 黄味酢掛 ［冷］

フキと季節の魚、サヨリを組み合わせました。透き通った白い身に黄味酢の黄色がよく映えます。

サヨリ、塩水（2％濃度）、酢
フキ、塩、昆布立て（→232頁）
黄味酢（→233頁）

❶ フキは塩をまぶして板ずりし、熱湯でゆでてすぐに氷水にとって皮をむく。昆布立てに1時間ほど浸ける。
❷ サヨリは大名おろしにして塩水に15分間ほど浸け、水気をふく。酢にくぐらせて腹骨をそぎ取り、皮を引く。
❸ 巻簾にラップフィルムを敷き、皮目を下に向けて、おろしたサヨリ3枚を並べる。フキを芯にして手前から巻き、輪ゴムで留めてなじませる。
❹ 切り出してラップフィルムをはずし、黄味酢を掛ける。

鯛白子 キウイ酢掛 ［冷］

タイの白子をキウイの酸味で締めます。フルーティなキウイの酸味は魚卵とよく合い、酒のあてにぴったりです。

タイの白子
キウイ酢（すりおろしたキウイフルーツ1：松前酢1／2→233頁）
イワタケ（アク抜き→234頁）

❶ タイの白子は塩水で洗って面器に並べ、中火～弱火の蒸し器で約7～8分間蒸す。火が通ると生にはない弾力が生まれるので、指で押して判断する。
❷ キウイフルーツは皮をむいて種と芯を除いてすりおろす。すりおろしたキウイと1／2量の松前酢を混ぜ合わせる。
❸ 猪口に❶の白子を盛り、キウイ酢を掛けて、イワタケを添える。

瓢二色胡麻豆腐 ［冷］

ひさご（瓢）は、ユウガオの実を指しますが、ヒョウタンでつくった酒を入れる容器という意味もあります。花見にちなんで胡麻豆腐を酒器に見立てました。

●18㎝角流し缶×2台分
ピース地（*グリーンピースペースト200g、だし200cc、水200cc、粉寒天4g、粉ゼラチン7g、豆乳400cc、薄口醤油・塩各適量）
胡麻豆腐地（白練りゴマ80g、だし200cc、水200cc、粉寒天4g、粉ゼラチン7g、豆乳400cc、薄口醤油・塩各適量）

*グリーンピースをサヤから取り出し、塩と重曹を加えた湯に入れてゆで、柔らかくなったら火を止めて冷まして水気をきる。フードプロセッサーにかけてペースト状にして裏漉しする。

❶ 胡麻豆腐地をつくる。鍋にだし、水、粉寒天を入れて火にかけ、一煮立ちしたら弱火で2分間練る。水で戻した粉ゼラチンを入れて溶かし、60℃に温めた豆乳を入れる。白練りゴマを混ぜて、薄口醤油と塩で味を調えて流し缶に流す。
❷ ピース地をつくる。鍋にだし、水、粉寒天を

入れて火にかけ、一煮立ちしたら弱火で2分間ほど練り、水で戻した粉ゼラチンを加える。60℃に温めた豆乳を合わせる。グリーンピースのペーストを混ぜ、薄口醤油と塩で味を調える。

❸ ❶の胡麻豆腐が固まったら❷のピース地を重ねて流す。冷えて固まったら瓢箪型で抜く。

鰊木の芽焼 ［温］

ニシンは春を告げる魚です。ここでは生ではなく身欠きを使います。

ニシン（身欠き）
煮汁（だし4：日本酒2：水2：醤油1：味醂1：砂糖1）
小麦粉、サラダ油、照りダレ（↓234頁）
木ノ芽

❶ 身欠きニシンは腹骨をそいで平串を打ち、皮目を直火で焼いて焼き目をつけたのち、氷水にとって水気をふく。

❷ 煮汁の材料を鍋に入れて火にかけ、一煮立ちさせる。❶のニシンを並べたバットに煮汁を注ぎ、蓋をして蒸し器で20分間蒸し煮にする。

❸ ニシンを取り出し、皮目に包丁目を入れる。小麦粉をまぶし、サラダ油をひいたフライパンで焼き目をつける。

❹ ペーパータオルで余分な油を吸い取ったのち、照りダレを注いでからめる。

❺ 仕上げに叩き木ノ芽を散らす。

帆立鮟肝挟み ［温］

アンキモでホタテの甘さを引き立てます。アンキモは濃厚な味なので、2枚のホタテでアンキモを1切れ挟み、味のバランスをとっています。

ホタテ貝柱
アンキモ（↓226頁鮟肝緑餡掛）
おぼろ昆布
天ぷら衣（↓232頁）

❶ ホタテ貝柱は3枚にへぐ。蒸し上げたアンキモを1㎝厚さに切ってホタテ貝柱で挟み、おぼろ昆布で巻いて留める。

❷ 小麦粉を刷毛でまぶして天ぷら衣にくぐらせ、170℃に熱した油で揚げて塩をふる。

❸ 半分に切って盛りつける。

四月 卯月

真っ白な卯の花（ウツギの花）が咲く季節なので、四月を「卯月」といいます。また旧暦で田植えをする月「田植月」が短くなって「うづき」となったともいわれています。

木々は芽吹き、新芽の明るい黄緑色がまぶしい季節です。そして入学や入社式など、人生の門出を祝う月でもあります。

四月は桜の花が満開になり、花が散り、葉桜になる月なのですが、お皿の上では一歩進んで「新緑」がテーマです。ですから明るい緑色を意識した料理が増えてきます。この頃から出回り始める山菜は季節感を出すために欠かせない食材です。

銀朱椿皿

四月［前菜］①

海老ほたるいか 青松酢掛［冷］

鱚桜干し［温］

床節酥若草焼［温］

子持昆布山菜浸し［冷］

筍小袖寿し［温］

赤い丸型の塗器に、花びらのような小皿を配して、葉桜を飾りました。前菜や組肴などの酒肴でも、仕込みおきをせずつくり立てを出すことが求められるようになってきました。温かいものを数品取り入れて、でき立てを出したいものです。

海老ほたるいか 青松酢掛［冷］

生のホタルイカと活けエビを、提供直前にさっと加熱します。美しい緑色が持ち味の青松酢は仕込みおきすると色があせるので、直前に合わせます。

サイマキエビ
生ホタルイカ
青松酢（キュウリ、吉野酢→233頁）

❶ サイマキエビは背ワタを抜いて熱湯でゆでる。冷水にとって頭と殻をむく。
❷ 生ホタルイカは75℃に熱した湯で30秒ほどゆでて冷水にとり、水気をきる。
❸ 青松酢をつくる。キュウリは美しく発色させるために熱湯にさっとくぐらせて冷水にとる。これをすりおろして汁気を絞り、吉野酢と混ぜる。
❹ 器にエビとホタルイカを盛り、青松酢を掛ける。

床節酥若草焼［温］

ホウレンソウで色づけたクリームチーズの明るい緑色から若草焼または春山焼と呼ばれています。五月になると遠山焼と名が変わります。

トコブシ、昆布、ゆで地（水４００cc、日本酒50cc、薄口醤油15cc）
若草衣（クリームチーズ２００g、ホウレンソウ20g、薄口醤油適量）

❶ トコブシは表面に薄く塩をして5分間ほどおいたのち、熱湯にくぐらせて冷水にとり、柔らかめのタワシまたはスポンジで表面をみがく。
❷ 圧力鍋にトコブシと昆布を入れ、合わせたゆで地をトコブシがかぶるくらい注ぎ、蓋をして火にかける。２目盛りになったら弱火にして5分間加熱し、火からはずして自然放置して冷ます。
❸ 若草衣をつくる。ホウレンソウは葉をむしり、塩を入れてすり鉢ですり、熱湯でゆでて発色させ、冷水にとって水気を絞る。
❹ クリームチーズを常温に戻して、❸のペーストを木ベラで混ぜて、薄口醤油で味を調える。
❺ ❷のトコブシの殻をはずし、肝とヒモを取り除いて殻に戻す。天火で温めたら❹の若草衣を掛けて焼く。

鱚桜干し［温］

桜葉は刻むと香りがよく立ちます。キスはそれほど身が厚くないので、桜葉をまぶすと焼けすぎることなく、しっとり、ふんわり仕上がります。

キス、塩水（２％濃度）
桜葉塩漬け

❶ 桜葉塩漬けはたっぷりの水で塩抜きして、繊切りにする。
❷ キスは背開きにして、塩水に20分間浸したのち水気をふいて、❶の桜葉を全体にまぶし、風干しにする。
❸ 3時間ほど干したら、遠火で両面を焼く。こがさないように注意。食べやすく切る。

子持昆布山菜浸し［冷］

春から初夏にかけて盛んになる子持昆布漁。最近ではアメリカやカナダ産がほとんどですが、昔は北海道の特産物でした。色鮮やかにゆでたワラビと行者ニンニク、真っ白いウドを合わせました。

子持昆布
行者ニンニク
ワラビ（アク抜き↓234頁）、昆布立て（↓232頁）
ウド
浸し地（だし7：薄口醤油1：日本酒0.5、カツオ節適量）

❶ 子持昆布は2.5cm×1cmに切り、薄い塩水に浸けて、適度に塩抜きをする。真水よりも薄い塩水のほうが塩が抜けやすい。
❷ 行者ニンニクは熱湯でゆでて冷水にとり、2.5cmの長さに切る。
❸ 鍋に浸し地の材料をすべて入れて火にかける。一煮立ちしたら漉して冷まし、子持昆布を浸ける。行者ニンニクは提供する30分前に浸ける。
❹ ワラビは色よくゆでて昆布立てに浸ける。ウドは2.5cm長さのマッチ棒くらいに切る。
❺ 子持昆布、行者ニンニク、ウド、ワラビを盛り、浸し地を掛ける。

筍小袖寿し［温］

タケノコに木ノ芽入りの寿し飯を詰めて小袖寿しをつくり、天ぷら衣をつけて揚げました。揚げると油分でコクが加わり、熱でタケノコや木ノ芽の香りを引き出すことができます。

タケノコ（アク抜き↓234頁）
煮汁（だし25：薄口醤油1：日本酒0.5）
寿し飯（↓232頁）、木ノ芽、白ゴマ
小麦粉、天ぷら衣（↓232頁）、揚げ油、塩

❶ タケノコは皮をむいて2cm厚さの輪切りにし、芯の部分を抜いて、大根おろし汁でアク抜きをする。水洗いして、ゆでこぼし、水気をきる。
❷ 吸い地程度に味を調えた煮汁でタケノコを煮る。
❸ 寿し飯に叩き木ノ芽と白ゴマを混ぜる。
❹ ❷のタケノコの中に❸を詰める。
❺ ❹に小麦粉をまぶして天ぷら衣にくぐらせ、170℃の油で揚げて軽く塩をふる。食べやすく縦半分に切る。

仕切りがあるパレット皿を使って6種の酒肴を盛りました。この季節に欠かせない山菜類は、お浸しや和え物、タレやソース類を掛ける料理が多いので、仕切りのある器は重宝します。

渕呉須六品盛器

四月［組肴］①

朧玉子 菜の花 蝶丸十 ［冷］

紅葉笠茸胡麻和へ ［冷］

栄螺海胆和へ ［冷］

浅蜊絹皮木の芽和へ ［冷］

赤貝卵の花和へ ［冷］

空豆白子和へ ［冷］

朧玉子 菜の花 蝶丸十 ［冷］

「菜ノ花畑に〜朧月夜」という童謡の歌詞にかけて、卵黄におぼろ昆布をまぶして朧月に見立てました。サツマイモを蝶にむいて添え、菜ノ花畑の風景を表現しました。

朧玉子（全卵、白粒味噌10：日本酒2、おぼろ昆布）
菜ノ花、昆布立て（→232頁）
くるみ和え衣（水きりした絹漉し豆腐250g、むきクルミ25g、砂糖大さじ2、薄口醤油22.5cc）
蝶丸十（サツマイモ、ミョウバン水、クチナシの実、砂糖蜜（水1リットル、砂糖300g、レモン汁1個分）

❶ 朧玉子をつくる。卵は常温に戻しておく。70℃の湯で20分間ゆでて温泉玉子をつくる。卵黄を取り出して薄皮をむく。
❷ 白粒味噌を日本酒でのばす。❶の卵黄をガーゼで挟んで味噌に2日間ほど漬け込む。
❸ おぼろ昆布をフライパンで空煎りして、粉末状にする。
❹ 菜ノ花は穂先から4cm長さに切り、80℃の湯で2分間ほどゆでて冷水にとって水気を絞り、昆布立てに15分間浸ける。
❺ くるみ和え衣をつくる。煎ったクルミをすり鉢ですって豆腐をすり合わせる。砂糖、薄口醤油で味を調えて裏漉しする。
❻ 蝶丸十をつくる。サツマイモは1cm厚さの輪切りにし、立体感をつけて蝶の形にむく。ミョウバン水に10分間浸けて洗う。
❼ 水1リットルにクチナシの実を2〜3個ちぎって入れて煮出して漉す。ここに❻のサツマイモを入れて柔らかくなるまで15分間ほどゆでる。水にさらし、水からゆでこぼしたのち、蒸し器で5分間蒸して水分を飛ばす。
❽ サツマイモを鍋に入れ、水を注いで火にかける。紙蓋をして砂糖を3回に分けて加える。20分間ほど煮たら火を止め、そのまま冷ます。粗熱がとれたらレモン汁を加える。
❾ 味噌に漬けた卵黄を取り出し、おぼろ昆布の粉をまぶして器に盛る。菜ノ花を盛り、くるみ衣を掛ける。菜ノ花に蝶丸十を添える。

栄螺海胆和へ ［冷］

サザエを塩ウニと卵黄を合わせた衣で和えた酒肴。刻んだ花ワサビを混ぜてしゃりっとした食感とぴりっとした辛みを加えました。

サザエ
海胆衣（塩ウニ100g、卵黄2個分、花ワサビ1束）
フキ

❶ サザエは殻から取り出して奥の肝を切り落とし、3mm厚さに切る。65℃の湯でゆでて冷水にとり、水気をふく。
❷ 海胆衣をつくる。花ワサビは70℃の湯に1分間ほど浸けて水気をきる。砂糖（分量外）をもみ込んでビニール袋で密封して冷凍庫で1〜2時間ほどおいて辛みを出す。
❸ 塩ウニは裏漉しして卵黄と混ぜ合わせる。❷の花ワサビをみじんに刻んで塩ウニに混ぜる。
❹ 器にサザエを盛りつけて、❸の海胆衣を掛ける。手前にゆがいたフキを添える。

赤貝卯の花和へ ［冷］

卯の花（ウツギの花）が咲く月にちなんで、アカガイに真っ白なオカラ（卯の花）をまぶして、花のように仕上げました。

アカガイ
卯の花和え衣（→232頁）
三ツ葉

❶ アカガイは殻をはずして掃除し、身を開いてワタを取る。身を細く切る。三ツ葉はゆでて3cm長さに切りそろえる。
❷ アカガイ、三ツ葉を卯の花の和え衣で和える。

紅葉笠荏胡麻和へ ［冷］

シドケは特有の香りとほろ苦さのある山菜。葉が紅葉の形に似ていることから「紅葉笠」とも言われます。和え衣に使ったエゴマとはとても相性がよい組み合わせです。

シドケ、長ネギ（白い部分）
エゴマ和え衣（エゴマ３：白粒味噌１）

❶ シドケは葉をむしって熱湯でゆでて冷水にとり、水気を絞ってざく切りにする。茎も同様にゆでて冷水にとり、皮をむいて2.5cm長さに切る。
❷ エゴマ和え衣をつくる。エゴマを鍋で空煎りする。すり鉢に移して半ずりにし、エゴマの１／３量の白粒味噌と合わせる。
❸ エゴマ和え衣でシドケの葉とみじん切りにした長ネギを和える。器に盛り、手前にシドケの茎を添える。

浅蜊絹皮木の芽和へ ［冷］

四月は産卵を控えた二枚貝がおいしくなる季節。さわやかな緑色に色づけた木の芽味噌にタケノコの絹皮を繊に切って混ぜ、アサリを和えました。

アサリ、塩水
木ノ芽和え衣（木ノ芽、白玉味噌↓２３３頁、青寄せ↓２３２頁、タケノコ絹皮・アク抜き↓２３４頁）

❶ アサリは塩水に2時間浸けて塩抜きし、真水で洗って面器に並べて蒸し器で蒸す。殻が開いたら身を取り出して、塩水で軽く洗う。
❷ 木ノ芽和え衣をつくる。すり鉢で木ノ芽をすり、白玉味噌、青寄せをすり混ぜる。
❸ タケノコの絹皮を繊切りにしてアク抜きして鍋に入れ、水を注いで火にかけてゆでこぼす。
❹ ❶のアサリと絹皮を❷の木ノ芽和え衣で和えて、竹の皮に盛る。

空豆白子和へ ［冷］

卵白を湯煎にかけてかき混ぜるととろみがつきます。白子がソラマメによくからむように、とろみがついた卵白と合わせて、緑色のソラマメが映える白い衣としました。

ソラマメ、塩
白子和え衣（タイの白子１００g、卵白１００g、塩・薄口醤油各適量）

❶ ソラマメはサヤから出して薄皮をむき、熱湯でゆでて軽く塩をふる。
❷ 白子和え衣をつくる。タイの白子は塩水で洗って、中火の蒸し器で約8分間蒸して取り出す。冷めたら裏漉しする。
❸ 卵白はボウルに入れて湯煎にかけ、泡立て器で混ぜる。火が入って固まってきたら、火からはずして冷まし、同量の❷と合わせ、塩と薄口醤油で味をつける。
❹ ソラマメを白子和え衣で和える。

丸皿に5種の前菜を放射状に盛りました。
蕗を筏に見立てたゼラチン寄せの上に散らした花びら百合根と生姜は、散ってゆく桜の名残です。花びらが川を流れていく風景を表わしました。皿に描かれた川の流れのような金彩の図柄が盛りつけのアクセントとなっています。
添えてあるのは片栗の花と、青紅葉。

白磁金彩丸皿

四月［前菜］②

鮎並アスパラ巻［温］

蛤花山椒煮［温］

蕗花筏［冷］

こごみ土佐揚［温］

伊佐木飯蒸し［温］

鮎並アスパラ巻［温］

走りのホワイトアスパラガスを使った一品です。アスパラガスに細長い帯状に切ったアイナメを巻きつけて、甘みを閉じ込めました。

アイナメ
ホワイトアスパラガス、酢、昆布立て（↓232頁）
塩、コショウ

❶ ホワイトアスパラガスは根元のかたい皮を薄くむいて、酢を加えた湯でゆでて冷水にとる。水気をふいて、昆布立てに浸けておく。
❷ アイナメは三枚におろし、腹骨をそぎ落として小骨を抜く。1本の長い帯になるように縦に切りはずさないように交互に包丁を入れる。
❸ ホワイトアスパラガスの水気をふいて、アイナメをらせん状に巻いていく。
❹ 串を打って、塩、コショウをふり、天火で両面を焼く。全体が均等に焼けるように、途中で串を打ち変えて焼き上げる。
❺ 串を抜いて切り出す。

蕗花筏　花びら百合根 花びら生姜［冷］

「筏（いかだ）」は春の季語です。フキを筏に見立ててゼリーで寄せ、花びらにむいたユリネとショウガを散らして川を流れる花筏に見立てました。

フキ、塩
ゼリー地（だし8：薄口醤油1：味醂1、カツオ節適量、*粉ゼラチン）
ユリネ、ショウガ、甘酢（↓233頁）
*液体200ccに対して5g。

❶ フキは塩をまぶして板ずりし、熱湯でゆでたのち、氷水にとって皮をむく。
❷ フキを流し缶に合う長さに切りそろえ、いかだ状に流し缶に並べる。
❸ 鍋にゼリー地の材料（ゼラチン以外）を入れて火にかけ、一煮立ちしたら漉す。水で戻した粉ゼラチンを加えて溶かし、粗熱をとる。❷の中にゼリー地を流して冷やし固める。
❹ ユリネは掃除して1枚ずつにばらし、花びらにむく。熱湯でゆでてザルに上げ、薄塩をふる。
❺ ショウガは皮をむき花びらにむいて薄切りにする。熱湯でゆでてザルにとり、薄塩をふる。粗熱がとれたら冷たい甘酢に浸ける。
❻ ❸を角に切り出して、ユリネとショウガの甘酢漬けを添える。

蛤花山椒煮［温］

花サンショウは四月中旬から五月初旬にかけて出回り、やさしい味がします。甘辛く炊いたハマグリに花サンショウの淡い苦みが加わると、味がしまります。

ハマグリ
タレ（味醂5：日本酒3：醤油1）
花サンショウ

❶ ハマグリは殻から身を取り出して、塩水で洗い、水気をきって脱水シートに1時間程度挟んで水分を抜く。
❷ 鍋にタレとハマグリを入れて火にかけ、一煮立ちしたらハマグリを取り出し、残ったタレを煮詰める。
❸ タレが1／3程度に煮詰まったら、ハマグリを戻して煮からめ、仕上げに花サンショウを加えて盛る。

こごみ土佐揚［温］

春の山菜、コゴミには際立った旨みや味がないので、周りにカツオ節をまぶしてコクを加えて揚げました。

コゴミ
小麦粉、卵白、カツオ節
揚げ油、塩

❶ コゴミは掃除して軸を切り落とし、刷毛で穂先に小麦粉をまぶす。
❷ 布漉しした卵白にくぐらせて、カツオ節をまぶし、170℃の揚げ油で揚げる。仕上げに塩をふる。

伊佐木飯蒸し［温］

イサキにまぶしたぷちぷちとしたエゴマの食感がアクセントです。一口のおこわにのせて、おしのぎとして召し上がっていただきます。

イサキ、塩、卵白、エゴマ
もち米、塩水（3％濃度）

❶ もち米は水で洗い、一晩浸水する。ザルで水気をきって、サラシを敷いた蒸し器に入れて30分間強火で蒸す。一旦ボウルにあけて塩水で味をつけて、ふたたびサラシで包んで5分間蒸して味をなじませる。
❷ イサキは三枚おろしにして腹骨をそぎ取り、薄く塩をあて20分間おく。水で塩を洗い、水気をふいて一口大に切る。
❸ イサキに串を打って天火で両面を焼き上げたのち、表面に布漉しした卵白を塗って、煎ったエゴマをまぶして、乾かす程度にあぶる。
❹ ❶のもち米を一口大にまとめて温め、上に焼き上げたイサキをのせる。

灰釉しのぎ長角皿

四月［組肴］②

栄螺蕨とろろ掛［冷］

天豆灘和へ［冷］

筍酥挟み揚［温］

寄せ鮟鱇 独活 木の芽味噌掛［冷］

前菜には丸皿を使ったので、組肴には緑色がかった黄瀬戸の角皿を用いました。皿の両側に余白をもたせて盛りますが、五種の酒肴の味が混ざってしまってはいけません。小皿や掻敷の葉や枝で上手に間をとってください。

牛肉論焼［温］

栄螺蕨とろろ掛 ［冷］

サザエの苦みとワラビの苦みを合わせると、お互いの苦みが調和して和らぎます。

サザエ、塩水
ワラビ
辛子醤油（和辛子、醤油）

❶ サザエは殻から取り出して、クチバシをはずしてキモを切り落とす。身を塩水で洗って水気をふく。
❷ サザエの身を薄切りにして、65℃の湯に30秒間浸けて、冷水にとって冷まし、水気をふく。
❸ ワラビはアクを抜き（→234頁）、色よくゆでて水にとる。ゆで汁を冷まして、ワラビを戻して2〜3時間浸けたのち、水に1時間さらす。水気をふいて、粘りが出るまで包丁で叩く。
❹ 小皿にサザエを盛り、❸のワラビを掛けて、辛子醤油をたらす。

筍酥挟み揚 ［温］

食感のよいタケノコでチーズを挟み、旨みをおぎなった酒肴です。

タケノコ（アク抜き→234頁）
カマンベールチーズ、木ノ芽
小麦粉、天ぷら衣（→232頁）、揚げ油、塩

❶ タケノコは5㎜厚さの輪切りにしてアクを抜き、水でさらして水気をふく。
❷ タケノコの間に薄く切ったカマンベールチーズと木ノ芽を挟む。
❸ 小麦粉をまぶし、天ぷら衣にくぐらせて、170℃の油で揚げて塩をふる。食べやすいように半分に切る。

天豆灘和へ ［冷］

酒粕を使った和え物を「灘和え」といいます。酒粕と相性のよいワサビを合わせて、ソラマメを和えました。

ソラマメ、塩
灘和え衣（酒粕、花ワサビ、砂糖、薄口醤油）

❶ ソラマメはサヤから取り出し、熱湯でゆでてザルにとり、軽く塩をふる。
❷ 灘和え衣をつくる。まず花ワサビの辛みを出す作業から。花ワサビは70℃の湯で約1分間ゆでる。砂糖を全体にもみ込み、ビニール袋に入れて密封し、すぐに冷凍庫に入れて急冷し、1〜2時間おいて辛みを出す。
❸ 酒粕に細かく刻んだ花ワサビを混ぜる。薄口醤油で味を調える。
❹ ソラマメを❸の灘和え衣で和える。

寄せ鮟鱇 独活 木の芽味噌掛 ［冷］

アンコウは冬の食材ですが、四月なのでアンコウの身と七つ道具をアンコウのもつゼラチン質で寄せて涼しげな料理にしました。

アンコウ、塩、長ネギ、片栗粉、ウド
木ノ芽味噌（木ノ芽、白玉味噌↓233頁）

❶ アンコウはおろして下処理をする。七つ道具を熱湯にくぐらせ、冷水にとって水気をふく。
❷ 柳肉は角に切り、薄塩をあてて30分間おく。肝は掃除して1.5％の塩水に20～30分間浸けたのち、巻簾にラップフィルムを敷いてのせ、巻いて蒸す。水袋とヌノは乱切り、皮はみじん切りにする。トモのつけ根は角切りにする。
❸ ❷をボウルに入れて、色紙切りにした長ネギを混ぜ、全量の1／20量の片栗粉を混ぜ合わせる。
❹ 巻簾にラップフィルムを敷き、❸を巻く。両端を留めて蒸し器に入れ、15～20分間蒸す。冷まして固める。
❺ 木ノ芽味噌をつくる。木ノ芽をすり鉢ですり、白玉味噌をすり合わせる。
❻ ❹を切り出して篠にむいたウドを添え、木ノ芽味噌を掛ける。

牛肉論焼 ［温］

刻んだ行者ニンニクを泡立てた卵白に混ぜて牛肉にのせた変わり焼物。さとりを開くために修行を積む行者にかけて、論焼（さとりやき）としました。

牛サーロイン、塩、コショウ
行者ニンニク、卵白、塩

❶ 行者ニンニクはゆでて冷水にとり、水気を絞ってみじんに刻む。
❷ 牛肉は1㎝厚さに切って薄く塩をあて、コショウをふって天火で焼く。
❸ 卵白をかたく泡立てて塩を加え、行者ニンニクを混ぜる。
❹ 肉の両面が焼けたら行者ニンニクの葉をのせて❸を盛り、天火でうっすらと焼き色をつける。

五月 皐月

白磁長角皿

初夏を感じさせるような明るい日差し。若葉が茂る季節です。また五月は新ショウガや新ゴボウ、新レンコン、新ジュンサイ、新茶など新物の出回る季節でもあります。

端午の節句にちなんで菖蒲や兜などをイメージした料理を用意しました。掻敷には菖蒲の葉や柏の葉がいいでしょう。

五月［前菜］①

鱚新茶干し［温］

アスパラ豆腐［冷］

兜海老［冷］

鴨緑酢掛［常温］

稚鮎道明寺揚［温］

藍色の切子が映える白い皿を選びました。猪口はすべりやすいので下に紙を敷くといいでしょう。

まずは左奥に台となる一番大きい猪口を盛り、菖蒲の葉を敷いて、鴨、稚鮎、兜海老の順に盛り、最後はキスを盛ります。

鱚新茶干し ［温］

「新茶」が五月の季語となります。キスのように身の薄い魚でないと、火が通るまでに時間がかかるので新茶が苦くなってしまいます。

キス、塩水（2％濃度）
新茶

❶ キスは大名おろしにして腹骨をそぎ取る。塩水に20分間浸ける。
❷ 取り出して水気をふき、皮目に新茶をまぶして風干しにする。
❸ 串を打って、軽くあぶる程度に焼く。

兜海老 ［冷］

エビの尾を使ってカブトの形に似せた芋寿しです。

サイマキエビ
芋寿し（→232頁）

❶ エビは頭と背ワタを取り、のし串を打って80℃の湯で4分間ゆでる。冷水にとり、冷めたら串を抜いて水気をふく。
❷ 尾をきれいに切りそろえて、尾のつけ根部分を残して殻をむき、縦半分に包丁を入れる。
❸ 芋寿しを丸めてエビを巻きつけ、カブトに見立てる。

アスパラ豆腐 ［冷］

旬のグリーンアスパラを豆乳で寄せて、こうばしいエゴマを加えた餡を掛けました。五月らしく菖蒲色の切子の器を用います。

アスパラ豆腐（アスパラガス300g、だし250cc、水250cc、粉寒天4g、粉ゼラチン10g、豆乳500cc、塩・薄口醤油各適量）
荏胡麻餡（エゴマ0.8：だし6：醤油1：味醂0.5、カツオ節適量）

❶ アスパラ豆腐をつくる。アスパラは熱湯でゆでて冷水にとり、水気をふいてフードプロセッサーにかけ、裏漉しする。
❷ 鍋にだし、水、粉寒天を入れて火にかけ、一煮立ちしたら弱火にして2分間ほど練って、水で戻した粉ゼラチンを加えて溶かす。
❸ 別鍋で豆乳を60℃まで温め、❶のアスパラガスと❷を加えて、塩と薄口醤油で味を調える。流し缶に流して冷やし固める。
❹ 荏胡麻餡をつくる。鍋にエゴマ以外の材料を合わせて火にかけ、一煮立ちしたら漉し、水溶き片栗粉でとろみをつけて冷ます。
❺ エゴマはフライパンで空煎りして、香りが立ったらすり鉢に移して半ずりにする。強火で煎ると香りがなくなるので注意。ここに❹を加えて餡を仕上げる。
❻ 豆腐を切り出し、荏胡麻餡を掛ける。

鴨緑酢掛 ［常温］

合鴨を土佐酢でさっぱりと煮ていますので、上に掛けたキュウリの緑酢とよく合います。

合鴨胸肉
土佐酢（↓233頁）、長ネギ（青い部分）
緑酢（キュウリ、吉野酢↓233頁）

❶ 合鴨は端の脂身を切り落として形を整える。フライパンを熱し、合鴨を皮側から焼く。強火で焼いて脂を落とす。濃いめの焼き色がついたら裏返して、身のほうをさっと焼いて熱湯にくぐらせ、脂と汚れを洗い流す。
❷ 鍋に土佐酢を合わせて火にかけ、一煮立ちしたら❶の鴨、ぶつ切りの長ネギを入れて弱火で3分間ほど煮て火を止め、鍋のまま常温で冷ます。
❸ 常温くらいまで冷めて鴨肉の肉汁が落ち着いたら切り出し、緑酢を掛ける。
❹ 緑酢は以下のとおり。色だし（塩ずりして熱湯にくぐらせ、氷水にとる）したキュウリをすりおろして汁気を絞り、冷たい吉野酢と合わせる。

稚鮎道明寺揚 ［温］

チアユでも、アユには少し苦みがあるので、道明寺粉をまぶし、さくさく感を出して和らげました。

チアユ、おぼろ昆布
小麦粉、卵白、道明寺粉
揚げ油、塩

❶ チアユはさっと水洗いして水気をふき取り、おぼろ昆布を巻きつける。
❷ ❶に小麦粉をまぶし、布漉しした卵白にくぐらせて道明寺粉をつける。
❸ 170℃の揚げ油で揚げて塩をふる。

新緑をあらわす青竹の器を用い、柏の葉を掻敷にして五月らしい盛りつけにしました。
丸いフォルムを左側に寄せ、右上に角形、五三竹で長さを出して変化をつけています。

灰釉四方皿

五月［組肴］①

砂肝こごみ卵の花和へ［常温］

桜海老糝薯揚［温］

山椒玉子［常温］

栄螺江ノ島和へ 行者にんにく［冷］

新蓴菜 加減酢掛 叩きオクラ［冷］

五三竹［冷］

砂肝こごみ卵の花和へ ［常温］

コゴミに甘辛く煮た歯応えのよい砂肝を合わせて、真っ白な卵の花で和えました。

鶏砂肝
煮汁（味醂5：日本酒3：醤油1）
コゴミ、塩水（3％濃度）
卵の花和え衣（↓232頁）

❶ 鶏砂肝は白っぽい銀皮をそぎ取る。煮汁を合わせて砂肝を入れて火にかける。一煮立ちしたら砂肝を取り出す。
❷ ❶の煮汁を煮詰め、半分くらいまで詰まったら取り出した砂肝を戻してからめる。
❸ コゴミは下味をつけるために3％の塩を入れた熱湯でゆで、冷水にとり、水気をきる。
❹ 砂肝とコゴミを卵の花和え衣で和える。

山椒玉子 ［常温］

カステラ玉子の中に花サンショウを加えて焼きました。花サンショウがなければ葉サンショウを使うといいでしょう。

カステラ玉子生地（ハンペン200g、小麦粉大さじ4、ハチミツ大さじ6、全卵6個、薄口醤油10cc）、花サンショウ40g
サラダ油

❶ ハンペンを一口大に切り、フードプロセッサーにかけてペースト状にする。小麦粉、ハチミツ、卵、薄口醤油を順に加えて回し、なめらかな生地をつくる。
❷ 玉子焼き鍋に薄くサラダ油をひき、鍋の半分まで生地を流し、その上に花サンショウを散らす。さらに生地を流して、弱火でゆっくり焼き上げる。
❸ 焼き色がついたら裏を返してさらに焼き、中まで火が通ったら切り出す。

新蓴菜 加減酢掛 叩きオクラ ［冷］

五月になると新ジュンサイが出始めます。この時期はまだ葉が小さいですが、もう少し遅い時期になるともっと大きくなります。これもまた美味です。

ジュンサイ
オクラ、塩
加減酢（↓233頁）

❶ ジュンサイは水にさらし、熱湯にくぐらせて発色させ、冷水にとる。ザルに上げて水気をきっておく。
❷ オクラはヘタをとって掃除し、塩ずりして熱湯でゆでて冷水にとり、水気をふく。縦に切ってスプーンなどで種をかき取り、包丁で細かく叩く。
❸ 器に❶のジュンサイを盛り、冷やした加減酢を掛けて、❷のオクラを添える。

桜海老糝薯揚［温］

五月になると生のサクラエビが出回ります。殻つきで食べるため、サクラエビはエビの中でもとても味がよいエビです。

●30個分
糝薯地（生サクラエビ240g、1％濃度の塩水、すり身400g、みじん切りの玉ネギ240g、玉子の素大さじ4↓232頁、薄口醤油適量）
小麦粉、揚げ油

❶ 糝薯地をつくる。サクラエビは塩水で洗ってザルに上げ、水気をきっておく。
❷ すり鉢にすり身を入れてすり、さっと湯通しした玉ネギ、玉子の素を加えて混ぜ合わせる。
❸ ❷にサクラエビをさっくり合わせて薄口醤油で味を調える。
❹ ラップフィルムで糝薯地を茶巾に絞り、7〜8分間蒸す。ラップをはずして小麦粉をまぶし、170℃の油で揚げる。

栄螺江の島和へ 行者にんにく［冷］

神奈川県の江の島はアワビやサザエの産地であることから、その内臓を使った料理に江の島とつけます。ここではサザエをアワビの肝で和えました。

サザエ、塩水
アワビの肝、醤油
行者ニンニク（ボイル）

❶ サザエは殻から身を取り出し、身と肝を分ける。身は塩水で洗って水気をふく。そぎ切りにして65℃の湯で30秒間ゆでて冷水にとり、水気をふく。
❷ アワビの肝は蒸して裏漉しする。
❸ サザエをアワビの肝で和え、醤油で味を調えて、ゆでた行者ニンニクを添える。

五三竹［冷］

根曲がり竹ともいいます。春先に出るタケノコとは種類が違うホテイチクという細い竹の種類。

ゴサンチク（タケノコのアク抜きに準ずる↓234頁）
昆布立て（↓232頁）

❶ ゴサンチクは縦半分に切ってアク抜きする。
❷ 水にさらしたのち熱湯でゆでて冷水にとり、皮をむいて切りそろえ、昆布立てに浸ける。

呉須線細長皿

五月［前菜］②

鮎並蕨羽二重焼［温］

鯵棒寿し［常温］

芽茗荷肝味噌［冷］

鮑煎餅［温］

アカシア花衣揚［温］

藍色の縁取りが初夏らしい、すっきりした白い器に盛りました。ここでは盛りつけのバランスを考えて芽茗荷と角形の鯵棒寿しを間に入れましたが、箸が入りやすい右側に早く食べてほしい温かいものを盛るというのも一つの考え方です。

鮎並蕨羽二重焼［温］

羽二重とは上質な絹織物のことです。とろろと卵白でつくった衣は羽二重のように柔らかいので、羽二重焼と名づけました。

アイナメ、塩
ワラビ（アク抜き→234頁）
卵白、塩

❶ アイナメは水洗いして三枚におろす。腹骨をそぎ落として中骨を抜き、1枚15gのそぎ切りにする。
❷ 薄く塩をあてて20分間おいたのち、水で洗って水気をふく。
❸ アク抜きしたワラビをフードプロセッサーにかけて細かくする。
❹ 卵白を泡立て、塩で薄く下味をつけてワラビをさっくりと混ぜる。
❺ アイナメは天火で両面を焼き、❹をのせて焼き色をつける。

芽茗荷肝味噌［冷］

五月初め頃に出てくる柔らかな芽ミョウガの根元は、魚の肝をすり混ぜた味噌ですすめます。若い葉は掻敷の役目も果たしています。

芽ミョウガ
肝味噌（魚の肝1：信州味噌1）

❶ 魚の肝は1％濃度の塩水（分量外）に浸けて血抜きする。中火の蒸し器で10分間弱蒸して、粗熱をとる。
❷ ❶をすり鉢でペースト状にすり、同量の信州味噌をすり混ぜる。
❸ 芽ミョウガは、可食部分の下部のみ薄皮をむいて熱湯で20秒間ゆで、冷水にとる。
❹ 芽ミョウガを器に盛りつけて、肝味噌をのせる。

鯵棒寿し［常温］

初夏の魚、アジを棒寿しにしました。おしのぎとして。

アジ、塩、酢
寿し飯（→232頁）、大葉、煎りゴマ
和辛子
吉野酢（→233頁）

❶ アジは水洗いして三枚におろす。薄く塩をあてて20分間ほどおいたのち、水で洗って水気をふく。
❷ アジを酢にくぐらせたのち酢をふき取り、腹骨をそぎ取って中骨を抜く。皮をむいてそぎ切りにする。
❸ 型にラップフィルムを敷き、皮目を下に向けてアジを置き、和辛子を塗り、寿し飯を詰めて型押しする。取り出して切り出し、吉野酢を塗る。

鮑煎餅［温］

五月も下旬になると初夏となります。この季節に走りのアワビを使います。刻んだ大葉を混ぜて夏らしい香りをつけました。

アワビ、塩
片栗粉、大葉、揚げ油、塩

❶ アワビは身にたっぷり塩をまぶして5分間おき、身を締めておく。タワシでみがいて水洗いしたのち、水分をふく。
❷ 貝割りで貝柱をはずして、手のひらで叩いて肝を殻に残して身をはずす。
❸ 身をそぎ切りにして、繊切りの大葉と片栗粉をまぶしてクッキングシートで挟む。空きビンなどで叩いてのばす。
❹ 電子レンジで❸を約1分間加熱して水分を飛ばす。
❺ 170℃の油で揚げて、塩をふる。

アカシア花衣揚［温］

アカシアの花の香りと甘さを薄衣で包んで揚げました。花の色を損なわないように、衣は卵白のみでつくりました。

アカシアの花、小麦粉
天ぷら衣（↓232頁）、揚げ油、塩

❶ アカシアの花に刷毛で小麦粉をまぶし、天ぷら衣（卵黄のかわりに卵白のみを使用）にくぐらせて180℃の油で揚げる。
❷ 仕上げに塩をふる。

白磁麻彫菱型皿

五月［組肴］②

鳥貝山椒煮〔温〕

伊佐木初夏膾〔冷〕

白アスパラ 黄味胡桃掛〔冷〕

早苗蕎麦豆腐〔冷〕

朴の葉も緑色が濃くなってきました。朴の葉の形に合った器を用意し、掻敷に使ってみました。盛りつけは広げずに、中央にまとめたほうがいいでしょう。

蘆薈網揚〔温〕

鳥貝山椒煮 ［温］

あえて内臓を出さずにそのまま煮ると、トリガイ特有の食感のよさを楽しんでいただけます。

トリガイ
青サンショウ（アク抜き↓234頁）
煮汁（味醂5：日本酒3：醤油1）

❶ トリガイを殻からはずして塩水でさっと洗う。鍋に煮汁を合わせ、トリガイを加えて火にかける。
❷ 一煮立ちしてトリガイがふっくらしてきたら一旦取り出して煮汁を詰める。
❸ 煮汁が煮詰まってとろみがついてきたら青サンショウを加え、トリガイを戻してからめる。

白アスパラ 黄味胡桃掛 ［冷］

アスパラは白くゆでるために、米の研ぎ汁を使いました。黄味衣には潰したクルミを加えてコクをつけています。

白アスパラガス、米の研ぎ汁1リットル、塩30g
黄味胡桃（卵黄2個、クルミ20g、薄口醤油5cc、山葵）

❶ 米の研ぎ汁に塩を加えて沸かし、白アスパラガスをゆでて冷水にとる。
❷ 黄味胡桃をつくる。卵黄を湯煎にかけてゴムベラで練る。少しとろみがついたら火からおろして冷ます。空煎りしてすり鉢で半ずりにしたクルミに薄口醤油、山葵のすりおろしを加えて混ぜる。
❸ 白アスパラガスを4cm長さに切り、黄味胡桃を添える。

伊佐木初夏膾 ［冷］

ソラマメ、新レンコン、新ショウガなど五月の野菜とあぶったイサキを合わせました。イサキの脂と野菜が混ざっておいしくなります。

イサキ、塩
新レンコン、谷中ショウガ、塩
なます酢（↓233頁）
ソラマメ、青ユズ

❶ イサキは水洗いして三枚におろし、薄く塩をあてて20分間おき、水で洗ったのち水気をふく。
❷ 新レンコンは花に、谷中ショウガは葉の形にむいて、酢を加えた熱湯でさっとゆでてザルにとり、軽く塩をふって水気を飛ばしておく。
❸ ❷の粗熱がとれたら、なます酢に浸ける。
❹ イサキは串を打って直火で皮目に焼き目をつけて酢洗いをし、水気をふく。
❺ イサキをそぎ切りにして、❸のなますとともに器に盛る。ゆでたソラマメと刻んだ青ユズの皮を添える。

早苗蕎麦豆腐［冷］

ソバは秋のものですが、早苗とつけると春の献立名になります。豆腐から芽吹いたように飛び出した芽ネギで田植えを済ませた稲を表わしました。

ソバ豆腐（ソバ粉60g、昆布だし300cc、豆乳300cc、粉ゼラチン15g、塩4g、薄口醤油10cc）
芽ネギ
赤玉味噌（↓234頁）

❶ 鍋にソバ粉と昆布だしを入れて混ぜ、中火にかけて木ベラで練る。全体がまとまってきたら豆乳を少しずつ加えてのばしていく。
❷ 弱火で軽く練り、水でふやかした粉ゼラチンを加えて煮溶かし、塩と薄口醤油で味を調える。
❸ 粗熱がとれたら1cm長さに切った芽ネギを加え、流し缶に流して冷やし固める。
❹ 角に切り出して、赤玉味噌を添える。

蘆薈網揚［温］

網に見立ててタタミイワシをアロエに巻いて揚げました。切り口から見えるアロエの透明感がみずみずしさを感じさせてくれます。

アロエ、酢
タタミイワシ
小麦粉、天ぷら衣（↓232頁）、揚げ油、塩

❶ アロエは皮をむいて拍子木に切り、酢を入れた水に30分間浸けたのち、ヌメリを洗い流して水気をふく。
❷ タタミイワシを半分に切り、霧吹きで水を吹きつけて湿らせ、5分間ほどおいて柔らかくする。
❸ アロエをタタミイワシで巻く。端が下にくるように置いてなじませる。
❹ 小麦粉を刷毛でまぶして天ぷら衣にくぐらせ、170℃の油で揚げて塩をふる。

夏

六月　水無月

七月　文月

八月　葉月

夏の歳時記

六月　水無月　みなづき

行事●夏越《なごし》の祓《はら》え、衣替え、氷の節句（旧暦6月1日）、父の日

二十四節気●芒種《ぼうしゅ》、夏至《げし》

自然●仲夏《ちゅうか》、入梅《にゅうばい》、五月晴れ、梅雨晴れ、梅雨、山開き、季夏《きか》、季月《きげつ》

掻敷●青朴葉、青紅葉、紫陽花、かじの葉、胡瓜の花と葉、しだ、茅草《ぼうそう》（茅の輪）、茄子の花と葉、花菖蒲、若笹

野菜●青梅、アスパラガス、杏、枝豆、胡瓜、小メロン、さくらんぼう、さやいんげん、紫蘇、蓴菜、新生姜、新蓮根、玉蜀黍、らっきょう、枇杷

魚介●鮎並、鰺、鮎、烏賊、虎魚《おこぜ》、鰹、鱚、鯒《こち》、さざえ、蛸、鱧

菓子、他●梅酒、梅干、白玉、ゼリー、心太《ところてん》、蜜豆、水無月、ゆで小豆

七月　文月　ふみづき

行事●七夕、お盆、お墓参り、お中元、土用干し、夏祭り、花火

二十四節気●小暑《しょうしょ》、大暑《たいしょ》

自然●晩夏、半夏生《はんげしょう》、夏土用、土用波、土用雨、入道雲、白南風《しらはえ》、山滴《やまじた》る、真夏日、梅雨明け、打ち水、女郎花月《おみなえしづき》

掻敷●七夕飾り（笹、短冊など）、熊笹、青紅葉、蓮の葉、胡瓜の葉、ほおずき、葛の葉、朝顔、夕顔、いたどりの葉

野菜・他●石川小芋、無花果《いちじく》、枝豆、胡瓜、オクラ、昆布、獅子唐、蓴菜、白

麦秋

青竹

茗荷

瓜、新牛蒡、新蓮根、西瓜、素麺、蓼、冬瓜、玉蜀黍、トマト、茄子、谷中生姜

魚介●鯵、穴子、鮎、鮑、烏賊、伊佐木、岩魚、鰻、海胆、かます、川海老、かんぱち、黒媒貝《くろばいがい》、海月《くらげ》、鯉、鱸、すっぽん、蛸、太刀魚、泥鰌《どじょう》、土曜蜆、蛤、鱧、山女

菓子、他●アイスクリーム、かき氷、サイダー、ソーダ水、麦茶、ラムネ、レモン水

八月　葉月　はづき

行事●お盆（月おくれ）、盆踊り、帰省《きせい》、暑中見舞い、残暑見舞い、海水浴、花火大会、お墓参り、迎え火、送り火、夏休み、夏祭り、中秋（旧8月15日）、八朔の祝

二十四節気●立秋、処暑《しょしょ》

自然●初秋、入道雲、雲の峰、山滴《やましたた》る、残暑、夕立ち、土用波、蝉時雨《せみしぐれ》、打ち水

揺敷●青唐辛子、青紅葉、朝顔、いたどりの葉、胡瓜の葉、里芋の葉、しだ、蓮の葉と花、ひば

野菜●青柚子、梅干、無花果、枝豆、オクラ、南瓜、胡瓜、小芋、ゴーヤ、じゃがいも、白瓜、西瓜、大豆、冬瓜、玉蜀黍、トマト、茄子、茗荷、水雲《もずく》、蓮根

魚介●鯵、鮑、伊佐木、石垣鯛、鰯、鰻、海胆、鱚、車海老、黒鯛、秋刀魚、縞鯵、たかべ、蛸、太刀魚、鱧、鱧の子

菓子、他●水羊羹、水饅頭、撫子《なでしこ》

蓮の花

胡瓜

ひまわり

六月

水無月

旧暦の六月一日は氷の節句です。平安の昔、宮中ではこの時期に氷室から氷を取り寄せて口に含んだと言われています。

氷の節句にちなんで、六月は透明感や冷たさを感じさせるような演出が求められます。皿の上にはさわやかな夏らしいイメージをつくりましょう。料理には、やや酸味をきかせた清涼感のある味わいが好まれます。

六月［前菜］①

粉引なぶり長角皿

長い角形の銀色の皿は、氷のイメージで使いました。横並びで均等に盛りましたが、丸、角、三角、丸と料理の形を変えています。また両側の笹の葉と余蒔胡瓜を皿から飛び出すように盛って、単調な盛りつけに変化をつけました。

新蓮根海胆挟み 小メロン［冷］

枝豆水無月 鱧子［冷］

鮎ズイキ蓼酢掛［冷］

余蒔胡瓜諸味添え［冷］

鳴門烏賊紫蘇揚［温］

新蓮根海胆挟み 小メロン ［冷］

アクがまわる前の出始めの新レンコンは透明感のある白色が特徴。この色で夏の涼しさを表現しました。レンコンに緑色の小メロン、オレンジ色のウニ、上に掛けた黄味酢の鮮やかな夏らしい色がよく映えます。

新レンコン
生ウニ
小メロン
黄味酢（→233頁）

❶ 新レンコンは花にむいて、間に一本切り込みを入れて輪切りにし、酢を少量加えた湯でさっとゆでる。
❷ ラップフィルムを広げた上に生ウニをのせ、棒状に巻く。ラップの両端をねじって留めて巻簾を巻き、輪ゴムをかける。蒸し器で10分間蒸して取り出し、そのまま冷ます。
❸ 小メロンは塩ずりしたのち湯でさっとゆで、3～4㎜厚さに切って蛇の目に抜く。
❹ 新レンコンの切り込みに、小メロンと4㎝長さに切ったウニを挟み、黄味酢を掛ける。

鮎ズイキ蓼酢掛 ［冷］

アユは酢締めにして初夏らしさを表現。走りのズイキとともに盛りつけました。アユにつきものの蓼酢を合わせて。

アユ、塩
ズイキ、塩水（3％濃度）、昆布立て（→232頁）
蓼酢（蓼50g、ご飯200g、松前酢→233頁適量）

❶ アユは頭を落とし、大名おろしにして腹骨をかく。薄塩をして20分間おいたのち、水で洗って水気をふいておく。
❷ ズイキは変色しないよう、まな板に酢をかけて、この上で縦に裂いていく。包丁を皮の端に引っ掛けて引っ張り、皮をむく。タケノコと同じ要領（→234頁）でアク抜きし、3％濃度の塩水で歯応えが残るようにゆでて水にさらす。水気を絞り、昆布立てに浸しておく。
❸ すり鉢を用意して、蓼の葉をすりおろし、ご飯を加えてすり潰す。なめらかになったら松前酢でのばして蓼酢をつくる。
❹ ❶のアユをさっと酢にくぐらせてふき取り、皮をむいて4㎝長さに切る。同じ長さに切ったズイキとアユをそろえて、蓼酢を掛ける。

枝豆水無月 鱧子 ［冷］

茅の輪をイメージして、蛇の目に抜いた緑色のキュウリと紅色の二十日大根を用意しました。七月はハモの季節。六月の前菜には、走りのハモの子と小豆を添えました。

枝豆豆腐（エダマメ750g、だし500cc、水500cc、粉寒天8g、粉ゼラチン20g、豆乳1リットル）
鱧子（ハモの卵、ショウガ絞り汁、だし8：薄口醤油0.5：味醂1）
小豆、二十日大根、キュウリ

❶ エダマメはゆでてサヤから出し、薄皮をとってフードプロセッサーにかけて裏漉しする。
❷ 鍋にだし、水、粉寒天を入れて火にかけ、一煮立ちしたら弱火にして2分間ほど練り、ふやかしておいた粉ゼラチンを加える。
❸ 別の鍋で豆乳を60℃くらいまで温め、ここに❶と❷を混ぜ合わせる。塩と薄口醤油で味を調えて、流し缶に流し入れて冷やし固める。
❹ 鱧子を煮る。ハモの卵は塩水で洗い、熱湯にくぐらせて霜降りをして冷水にとる。冷めたらザルで水気をきる。鍋にだし、薄口醤油、味醂を表記の割で合わせ、ハモの卵を入れて火にかけ、一

煮立ちしたら弱火にして10分間程度ゆっくりと炊き、仕上げにショウガの絞り汁を加える。
❺ 小豆は2回ゆでこぼしたのち、柔らかくなるまで弱火でゆっくり煮る。二十日大根とキュウリは2㎜厚さに切り、茅の輪になるように中を抜く。
❻ 枝豆豆腐を三角形に切り出し、上に鱧子と小豆をのせ、キュウリ、二十日大根を添える。

余蒔胡瓜諸味添え［冷］

余蒔キュウリとは、余った土地に種を蒔いて収穫するキュウリのこと。小ぶりなキュウリは初夏らしさを感じさせてくれます。くせがなく、皮も柔らかい、会津地方の伝統野菜。

余蒔キュウリ、塩
諸味噌

❶ 余蒔キュウリは塩をまぶして板ずりし、熱湯にさっとくぐらせ、冷水に落として水気をふく。
❷ 天地を切り落として中心をくり抜き、諸味噌をのせる。

鳴門烏賊紫蘇揚［温］

夏らしく海のイメージを表現するために、新イカを巻いてうず潮に見立てました。新イカは、イカ特有の肝がまだ小さいです。

新イカ、海苔
天ぷら衣（↓232頁）、大葉（みじん切り）
揚げ油、塩

❶ 新イカはワタを抜き、耳（エンペラ）をはずして開き、皮をむく。皮目側に縦に5㎜間隔で包丁を入れる。
❷ イカの皮目の裏側に海苔を貼りつけ、内側に巻き込んでタコ糸で数ヵ所結わく。
❸ ❷を切り分けて楊枝で留める。小麦粉をまぶして、刻んだ紫蘇を混ぜた天ぷら衣にくぐらせ、180℃の油で揚げて塩をふる。

志野竹型向付

六月［組肴］①

枇杷玉子［冷］

鶏肝チーズ焼［温］

玉蜀黍豆腐［冷］

海老生姜巻［温］

長さのある茅巻を用意したので、青竹を模した深さのある器を選びました。かじの葉を掻敷にして器に立てかけるように盛って、立体感のある盛りつけとしました。

鰺の茅巻寿し［常温］

枇杷玉子［冷］

味噌漬け玉子は初夏に実るビワに見立てました。季節によっては、玉子を月に見立ててもいいでしょう。

卵
漬け床（白粒味噌、日本酒）
黒ゴマ
割醤油ジュレ（だし5：醤油1、*粉ゼラチン）
ショウガ

*割醤油の合せだし300ccに対して粉ゼラチン5g。

❶ 温泉玉子をつくる。卵を常温に戻し、70℃の湯で20分間ゆでて冷水にとり、殻をむいて卵黄を取り出して薄皮をむいておく。
❷ 白粒味噌を日本酒でのばして卵黄をガーゼで挟んで漬け込む。冷蔵庫に2〜3日おいたら取り出して、黒ゴマをつける。
❸ 割醤油ジュレをつくる。鍋にだし、醤油を入れて火にかけ、一煮立ちしたら、戻しておいた粉ゼラチンを入れて冷ます。
❹ ジュレに刻んだショウガを混ぜ、器に敷いて、❷をのせる。

玉蜀黍豆腐［冷］

走りのトウモロコシを使ったやさしい甘さの寄せ物です。ショウガは桂むきにして、ほどよい香味をつけました。

玉蜀黍豆腐（昆布だし500cc、豆乳200cc、葛粉70g、トウモロコシの粒300g、塩適量）
餡（だし6：薄口醤油1：味醂1、カツオ節、水溶き片栗粉）
ショウガ

❶ トウモロコシはゆでて冷まし、包丁で粒をはずしてフードプロセッサーにかけ、裏漉しする。
❷ 昆布だしと葛粉を合わせてかき混ぜ、水のうで漉す。
❸ ❷を鍋に移して火にかけて練り、固まったら豆乳で少しずつのばし、最後にトウモロコシと塩を入れて練り上げる。流し缶に流して冷やし固める。
❹ 餡をつくる。鍋にだし、薄口醤油、味醂、カツオ節を入れて火にかけ、一煮立ちしたら漉して鍋に戻し、水溶き片栗粉でとろみをつけて冷ます。
❺ ❸を切り出して餡を掛け、よりショウガを飾る。

鶏肝チーズ焼［温］

鶏レバーは揚げてから煮ることでコクが増しますが、揚げることで、鶏レバーに味が濃く入りすぎることを防ぐという効果もあるのです。

鶏レバー、塩水
小麦粉、揚げ油
煮汁（日本酒3：味醂6：醤油1.5）
チーズ、卵黄

❶ 鶏レバーは掃除して塩水に浸けて血抜きをする。水気をふいて小麦粉をまぶし、140℃の油でゆっくり揚げる。
❷ 鍋に日本酒、味醂、醤油を入れて火にかけ、泡が大きくなるまで煮詰めたら、揚げた鶏レバーを入れてからめる。
❸ ❷にチーズをのせて焼き、チーズが焼けたら溶いた卵黄を塗り、火にかざして乾かす。

海老生姜巻［温］

季節感のある新ショウガは、食べやすいように縦に包丁を入れて、エビで周りを巻きました。

エビ、塩水、片栗粉
谷中ショウガ
小麦粉、天ぷら衣（↓232頁）、揚げ油
赤玉味噌（↓234頁）

❶ エビは殻をむいて背ワタを抜き、塩水で洗って水気をふく。片栗粉をまぶし、火が通りやすいように麺棒で叩いて真っ直ぐにのばす。
❷ 谷中ショウガは丸くむいて、縦に切り込みを入れ、周りに❶のエビを巻きつける。
❸ ❷に小麦粉をまぶして天ぷら衣にくぐらせ、170℃の油で揚げる。
❹ 食べやすく切って、赤玉味噌を掛ける。

鰺の茅巻寿し［常温］

茅巻は中国から伝来した三角形の「粽」とは形が違います。日本は茅で巻いたために茅巻となります。このため日本の茅巻は、円錐形をしているのです。六月末の夏越の祓えでは、神社で茅の輪くぐりをして厄除けをし、茅巻を食べることで厄払いをします。

アジ、塩、酢
薬味寿し（寿し飯↓232頁、大葉、ショウガ、煎り白ゴマ）
笹、い草

❶ アジは三枚におろして腹骨をかき、薄く塩をして20分間おいて水で洗う。水気をふいて酢にくぐらせたのち、水気をふいて小骨を抜く。
❷ 薬味寿しをつくる。大葉とショウガをみじん切りにして、煎り白ゴマとともに寿し飯に混ぜ込む。
❸ 酢締めにした❶のアジの皮をむいて適当に包丁し、薬味寿しで握る。笹で包んでい草で結わく。

六月［前菜］②

白釉月面前菜皿

舟小メロン 蓴菜梅和へ［冷］

海老翡翠寄せ［冷］

鱚アボカド新挽揚［温］

鮎蓼干し［温］

水の流れをイメージしてデザインした変形の白い皿にさわやかな緑色を基調とした料理を盛りました。器の凹凸を利用して盛りつけをしているので、猪口などを使わなくても料理が盛りやすくなっています。

また少し離れたところに水無月に相応しい三角形の翡翠寄せを配した余白のあるすっきりとした盛りつけです。

蕎麦豆腐 赤玉味噌［冷］

舟小メロン 蓴菜梅和へ［冷］

梅雨のじめじめした季節に、酸味の効いた梅の砂糖漬けが身体をしゃっきりさせてくれます。小メロンを舟として、砂糖漬けとジュンサイを加減酢ですすめます。

小メロン
ジュンサイ
青梅砂糖漬け（青梅1kg、砂糖500g）
加減酢（だし5：薄口醤油1：酢1、カツオ節適量）

❶ 小メロンは塩ずりして熱湯でさっとゆでて色を出し、冷水にとる。
❷ ジュンサイはさっと水で洗い、水気をきっておく。
❸ 加減酢をつくる。だし、薄口醤油、酢を鍋に入れて火にかけ、沸いたらカツオ節を入れて一煮立ちさせて、漉して冷ます。
❹ 器に小メロンを盛り、ジュンサイと青梅砂糖漬けをのせて、❸の加減酢を掛ける。

●青梅砂糖漬け

❶ 青梅をよく洗う。ヘタのつけ根部分を竹串でかき出すようにして汚れを取り、冷水に3時間ほど浸けてアクを抜く。
❷ ザルに上げて水気をきり、実の筋目に包丁を入れて種の周りをくるりと一周切り目を入れる。ねじって種を取り除く。
❸ ❷の青梅に砂糖300gをまぶして、きれいな容器に入れ、軽く重石をして涼しいところに3日間おく。
❹ 砂糖が溶けて梅ジュースが出たら、ジュースだけを鍋に取り出し、砂糖100gを加えて火にかけ、一煮立ちしたら冷まして梅の容器に戻す。
❺ 涼しいところに5日間おいて、再びジュースだけを鍋に取り出して、さらに砂糖100gを加えて一煮立ちさせる。
❻ 冷まして密封容器に梅とともに入れて冷蔵庫で保存する。

鱚アボカド新挽揚［温］

梅雨時なので、かりっとしたさわやかな食感の新挽粉をつけて揚げてみました。キスは淡白な魚なので、コクのあるアボカドと合わせてしっとりさせます。アボカドの緑色と白い衣が涼しげです。

キス
アボカド
レモン汁
引き上げ湯葉
小麦粉、卵白、新挽粉、揚げ油、塩

❶ キスは大名おろしにして腹骨をかく。薄塩をあてて15分間おいたのち、水で洗い水気をふく。
❷ 中火の蒸し器で5〜6分間蒸して冷ます。
❸ アボカドはくし形に切り、レモン汁にくぐらせて水気をふく。
❹ 引き上げ湯葉を広げ、刷毛で小麦粉を打ち、キスとアボカドをのせて巻いていく。
❺ 一口大に切り分けて、小麦粉をまぶし、卵白にくぐらせて新挽粉をつける。
❻ 170℃の油で揚げて塩をふり、端を切り落とす。

海老翡翠寄せ ［冷］

ゼラチンで寄せた見た目にも涼しさを感じさせてくれる料理です。二層に重ねた上のキュウリは味つけの餡がわりです。

エビ
キュウリ
ゼリー地（だし20：薄口醤油1、*粉ゼラチン）

*液体120ccに対して5g使用。

❶ エビは殻をむいて背ワタを抜き、塩水で洗って水気をふく。包丁で細かく叩く。
❷ 65℃の湯で30秒間ゆでて冷水にとり、水気をきっておく。
❸ キュウリは板ずりして、さっと熱湯にくぐらせて冷水にとる。水気をふき、種を抜いてすりおろす。汁気を絞っておく。
❹ だし、薄口醤油を合わせて鍋に入れ、一煮立ちしたら、ふやかしておいたゼラチンを加えて溶かし、粗熱をとる。
❺ ❹を半分に分けて、❷のエビと❸のキュウリに合わせる。
❻ 流し缶にエビのゼラチンを流して冷やし、固まったらその上にキュウリのゼラチンを重ねて流し、冷やし固める。
❼ 提供時に三角形に切る。

鮎蓼干し ［温］

アユは内臓を除くと、アユらしさが半減してしまいます。アユらしさを戻すために、内臓を加えたタレを掛けてあぶってみました。

アユ、蓼
*焼きダレ（アユの内臓適量、醤油1：日本酒1：味醂0.5）

*アユ1尾に対して45ccの焼きダレを用意する。

❶ アユは大名おろしにして腹骨をかく。
❷ 焼きダレをつくる。アユの内臓を包丁で叩く。醤油、日本酒、味醂を合わせて内臓を浸けて30分間おいて内臓を取り出す。
❸ アユに薄塩をあてて蓼の葉を貼りつけて風干しにしておく。
❹ アユを取り出し、焼き台で焼き目をつけたら、❷のタレにくぐらせて、乾かす程度にあぶる。

蕎麦豆腐 赤玉味噌 ［冷］

夏は冷たいソバが食べたくなります。ソバを料理に取り入れる場合、そばがきではぼってりしすぎるので、ソバ粉を旨みのある豆乳で寄せてみました。豆乳で割ると白く涼しげな色にもなります。

蕎麦豆腐（ソバ粉60g、昆布だし300cc、豆乳300cc、粉ゼラチン15g）
赤玉味噌（↓234頁）

❶ 蕎麦豆腐をつくる。鍋にソバ粉と昆布だしを入れて中火にかけ、木ベラで練る。全体がまとまってきたら豆乳を少しずつ入れてのばす。
❷ 水でふやかしておいた粉ゼラチンを❶に入れて溶かし、塩と薄口醤油で味を調えて流し缶に流す。粗熱がとれたら冷蔵庫で冷やし固める。
❸ ❷の蕎麦豆腐を切り出し、赤玉味噌を添える。

染向唐花九寸プレート

六月［組肴］②

鮎並山椒煮［温］

鴨アスパラ巻き 黒胡麻塩［温］

前菜はさっぱりとした料理が中心でしたが、組肴は肉や魚介類を使ったコクのある酒肴を用意しました。前菜同様、丸皿に盛りましたが、こちらは中央にまとめました。角の小皿に丸い形の料理を盛りつけて安定させ、下に余白をとってバランスをとっています。

笹の葉とガラス皿で涼しげな印象です。

栄螺 三ツ葉海胆和へ［冷］

蛸柔らか煮 胡麻酢掛［温］

雑魚握り［温］

鮎並山椒煮［温］

水分がしっかり抜けてサクサクするまで揚げるのがポイントです。ここまでかりっと揚げるからこそ、ふわっと煮上がるのです。今年収穫した新ものの青サンショウでフレッシュな風味を楽しみます。

アイナメ、小麦粉、揚げ油
煮汁（日本酒6：味醂6：醤油1）
実山椒醤油煮

❶ アイナメは三枚おろしにして腹骨をかく。骨を抜き、骨切りをして一口大に切り、身1枚ずつに小麦粉をまぶし、180℃の油でかりっと揚げる。
❷ 鍋に日本酒、味醂、醤油を入れて火にかける。煮詰まって泡が大きくなってきたら❶のアイナメ、実山椒醤油煮を入れてからめる。

●実山椒醤油煮

青サンショウ1kg、大根おろし汁1リットル、塩20g
煮汁（水200cc、味醂75cc、日本酒1リットル、醤油150cc、たまり醤油150cc、水あめ100cc）

❶ 大根のおろし汁1リットルに塩20gを混ぜ、青サンショウを1日浸けて、アクを抜く。
❷ ❶を水に充分さらし、2回ゆでこぼす。
❸ 鍋に青サンショウ、水、日本酒を入れて火にかける。一煮立ちしたらアクを取り、中火で皮が柔らかくなるまで煮戻す。この分量ならば10分間が目安。
❹ 醤油と味醂を少しずつ加えて煮る。味がしみてきたら青サンショウを一旦取り出し、煮汁を煮詰めていく。
❺ 汁気が少なくなってきたら、サンショウを戻し、たまり醤油を入れ、さらに煮詰まって泡が大きくなってきたら、水あめを入れて味をからめて仕上げる。

鴨アスパラ巻き 黒胡麻塩［温］

鴨のジューシーさが残るように、周りに黒ゴマをまぶして火のあたりを和らげて焼き上げました。

合鴨胸肉
グリーンアスパラガス、昆布立て（↓232頁）
塩、黒ゴマ

❶ グリーンアスパラガスは下のかたい皮をむき、熱湯でゆでて冷水にとる。水気をきって、昆布立てに浸けておく。
❷ 合鴨胸肉は片端を切り離さないように、互い違いに縦に包丁目を入れ、1本の長い帯状にする。
❸ ❶のアスパラガス3本をまとめて芯になるように串を打つ。アスパラガスに❷の合鴨をらせんに巻きつけて、端を楊枝で留める。
❹ ❸に塩をふって焼く。
❺ 均等に火が入るように、途中でアスパラ巻きを90度回して串を打ち変え、しっとりと焼けたら、溶いた卵白を塗って、黒ゴマをまぶして焼き上げて切り出す。

栄螺 三ツ葉海胆和へ［冷］

春から初夏に旬を迎えるサザエ。サザエは低温で柔らかく火を入れます。塩ウニの塩分で酒がすすみます。

サザエ
塩ウニ、卵黄
三ツ葉

❶ サザエは殻から取り出して、肝とクチバシを除いて塩水で洗い、水気をふいて薄切りにする。65℃の湯で15秒間ゆでて冷水にとり、水気をふく。65℃はサザエに含まれるたんぱく質に火が入る温度。これより高い温度でゆでると、サザエがかたくなってしまう。
❷ 塩ウニを裏漉しし、同量の卵黄と混ぜ合わせる。
❸ 三ツ葉は熱湯でゆでて冷水にとり、水気を絞って3cmに切る。
❹ サザエと三ツ葉を❷で和える。

蛸柔らか煮 胡麻酢掛［温］

タコは初夏から献立に登場します。組肴の他の料理がさっぱりしているので、ゴマを使ってコクを出しました。

タコ、昆布、ほうじ茶
煮汁（タコのだし7：日本酒1：醤油1：砂糖1、カツオ節適量）
ゴマ酢（白練りゴマ100g、薄口醤油20cc、醤油5cc、砂糖大さじ3、酢30cc、水20cc）

❶ タコは下処理して霜降りをする。大鍋に昆布を入れ、タコをのせてたっぷりの水を注ぐ。ガーゼで包んだほうじ茶を加えて、弱火で1時間ほどかけて煮る。
❷ 柔らかくなったら、タコを引き上げて面器に移す。
❸ ❶のだしに日本酒、醤油、砂糖を入れて火にかけ、一煮立ちしたらカツオ節を加えて漉す。
❹ ❷の面器に❸の煮汁をたっぷり注ぎ、蒸し器の水分が入らないようにアルミ箔をかぶせる。蒸し器に入れて15～20分間蒸す。
❺ ゴマ酢をつくる。すり鉢に、白練りゴマ、薄口醤油、醤油、砂糖、酢、水を入れてすり合わせる。
❻ タコを一口大に切り、ゴマ酢を掛ける。

雑魚握り［温］

食事の前の酒のあてに、おしのぎを一品加えました。薄味をつけて炊いたご飯にジャコを混ぜて、一口大の物相に。

ジャコ
米2合、水300cc、薄口醤油30cc、日本酒30cc

❶ 米は洗って15分間水に浸け、ザル切りして15分間おく。
❷ 土鍋に❶の米、水、薄口醤油、日本酒を合わせて火にかけてご飯を炊く。まず強火で7分間、中火で7分間、さらに弱火にして7分間炊いたのち、極弱火でさらに5分間炊いて火を止める。
❸ 炊けたらジャコを入れて5分間蒸らしたのち混ぜ、物相型で押す。

七月 文月

夏半ば。梅雨も明け暑さも本番です。

七夕にちなんで、笹の葉や願い事を託した短冊などをモチーフにした盛りつけです。ガラス器やかき氷などを使って冷たさを感じていただくのもこの季節です。

またこの季節は夏の旬のものが出回る時期でもあります。夏バテしないようにタコやスッポンなどスタミナのつく食材を使いました。梅やヨーグルトなどで酸味をきかせて冷やし、食べやすくしました。

七月［前菜］①

生地長角皿

牛肉生姜巻［常温］

子持昆布白瓜巻［冷］

太刀魚水雲寄せ［冷］

海老白滝巻［温］

鮑豆腐［冷］

七夕の短冊のような細長い器を使いました。白木の器は夏の暑さ、冬の寒さをやわらげてくれます。両側が持ち上がった形なので、中央に寄せて盛りつけました。

牛肉生姜巻［常温］

ゆっくり火を入れた柔らかなローストビーフでさわやかな辛みのある谷中ショウガを巻いた初夏らしい前菜です。

牛モモ肉（4cm厚さ）300g、塩、サラダ油
煮汁（水125cc、日本酒125cc、砂糖30g、醤油15cc、ケチャップ60cc、たまり醤油5cc）
谷中ショウガ

❶ 牛肉は常温に戻しておく。全体に塩をふり、フライパンにサラダ油をひいて強火で焼き色をつける。熱湯にくぐらせて余分な油や汚れを落とす。
❷ 鍋に水、日本酒、砂糖、醤油を合わせて火にかけ、沸いたら弱火にして❶の牛肉を入れる。
❸ 極弱火で3分間ほど煮てバットに取り出す。そのまま1分半おいて余熱を利用して火を入れる。煮汁はそのまま弱火にかけておく。
❹ 牛肉を戻して極弱火で3分間煮る。途中でケチャップ、たまり醤油を加えて煮からめる。バットに取り出してそのまま1分半おいて余熱を利用して火を入れる。極弱火で煮て余熱で火を入れる工程を5～6回くり返してじっくり火を通す。
❺ 谷中ショウガは汚れなどを掃除する。牛肉が冷めたらそぎ切りにしてショウガに巻きつける。

太刀魚水雲寄せ［冷］

モズクをもずく酢で寄せました。ショウガを加えるとタチウオとの相性がよくなります。

タチウオ、塩、酢
モズク、ショウガ、加減酢（↓233頁）、粉ゼラチン

❶ タチウオは三枚におろし、腹骨をそぎ取って薄塩をあてて20分間おく。
❷ モズクは掃除して熱湯にさっとくぐらせて霜降りし、冷水にとって水気をきる。
❸ 繊切りのショウガとモズクを加減酢に2時間ほど浸ける。
❹ 別の加減酢500ccを火にかけ、水で戻した20gの粉ゼラチンを溶かして粗熱をとる。
❺ タチウオは約20cm長さに切り、串を打って皮目のみに焼き目をつける。すぐに冷水にとって水気をふき、酢洗いして酢をふく。
❻ ❸のモズクの酢をきり、❹と合わせる。
❼ 流し缶に❺のタチウオの皮目を下に向けて敷き詰め、❻を流して冷やし固める。提供時、角に切り出す。

子持昆布白瓜巻［冷］

淡白で水分の多いシロウリを味噌漬けにして旨みをつけました。同じ味噌で漬けた子持昆布を合わせます。

子持昆布、塩水（1％濃度）
シロウリ、塩水（2％濃度）
白味噌、日本酒

❶ 子持昆布は拍子木に切り、薄い塩水に浸けて適度に塩気を抜く。何度か塩水を交換しながら行なう。
❷ シロウリは両端を切り落とし、縦半分に切って芯を抜く。2％濃度の塩水に浸けてしんなりさせる。
❸ 白味噌を1／10量の日本酒でのばし、子持昆布、シロウリを漬け込む。冷蔵庫で丸1日以上おいて取り出す。
❹ シロウリに縦に包丁目を細かく入れて子持昆布を包む。

海老白滝巻［温］

素麺を使ったエビの天ぷらです。周りにゆでた素麺を巻くと、エビがしっとりと揚がります。

サイマキエビ、小麦粉、大葉
素麺、小麦粉、天ぷら衣（↓232頁）
揚げ油、塩

❶ エビの頭と背ワタを取って、のし串を打ってゆで、冷水にとる。尾の部分を残して殻をむく。
❷ 素麺の端を束ねて熱湯でゆで、冷水にとって水気をきる。
❸ ❶のエビに小麦粉をまぶし、大葉を巻く。❷の素麺に小麦粉をまぶし、天ぷら衣にくぐらせて、らせん状にエビに巻きつける。
❹ 170℃の油で揚げて、塩をふる。

鮑豆腐［冷］

アワビは特有の食感が好まれますが、ここではすりおろして生海苔を混ぜて寄せました。

鮑豆腐（アワビ2枚、だし200cc、水200cc、粉寒天3g、生海苔30g、粉ゼラチン7g、豆乳400cc、塩・薄口醤油各適量）
べっこう餡（↓234頁）、山葵

❶ アワビは表面に薄く塩をして、5分間おいてタワシでみがき、殻からはずす。クチバシを取り除いて、おろし金ですりおろす。
❷ 鍋にすりおろしたアワビ、だし、水、粉寒天を入れて火にかけ、一煮立ちしたら弱火にして2分間ほど練り、戻した粉ゼラチンを加える。
❸ 別の鍋で豆乳を60℃に温め、❷と合わせる。生海苔を加え、塩、薄口醤油で味を調えて流し缶に流して冷やし固める。
❹ 提供時に角に切り出して、冷たいべっこう餡を掛け、山葵をのせる。

この季節にぴったり合った白い丸皿を組肴に使いました。前菜には短冊のような白木の長角皿を使ったので、組肴の器は形と質感に変化をつけました。水面にできた水玉のようなくぼみのある皿です。このくぼみが猪口の代わりになるので、汁気のある肴を盛ることができます。

白磁彫丸皿

七月［組肴］①

蓮根肝射込［温］

唐草烏賊 水玉キュウリ 心太［冷］

花冬瓜［冷］

穴子三州焼［温］

海月荏胡麻和へ［冷］

しぐれ麩 黄味焼［温］

蓮根肝射込［温］

鶏肝（レバー）をレンコンの穴に詰めました。辛子蓮根よりコクがあり、挽き肉よりもややクセがあるので酒肴にぴったりです。

レンコン、酢
鶏レバー1kg、煮汁（だし300cc、水300cc、薄口醤油60cc、日本酒60cc、味醂60cc）
ワケギ、薄口醤油
天ぷら衣（↓232頁）、小麦粉、揚げ油、塩

❶ レンコンは皮をむいて酢を少量入れた熱湯で7〜8分間ゆでて、ザルに上げて水気を飛ばす。
❷ 鶏レバーはスジや薄膜を除いて包丁で開き、血管や血を除く。塩水（分量外）に浸けて血抜きをする。水気をふいて熱湯にさっとくぐらせて冷水にとり、汚れを除いてザルに上げて水気をきる。
❸ 鍋に鶏レバーと煮汁の材料を合わせて火にかけ、80〜85℃で10分間火を入れて鍋のまま自然に冷ます。
❹ 冷めたら水気をきってすり鉢ですり、小口切りのワケギを混ぜて、薄口醤油で下味をつける。
❺ ❶のレンコンの穴に❹を詰める。1.5㎝厚さに切り、小麦粉をまぶして天ぷら衣にくぐらせて、170℃の油で揚げる。
❻ 油をきり、軽く塩をふって半分に切る。

花冬瓜［冷］

薄く切ったトウガンを花のように重ねて、中にホタテガイと豆腐を裏漉して詰めた、喉越しのよい見た目にも涼しげな一品です。

トウガン、塩、重曹
種（ホタテガイ300g、水きりした絹漉し豆腐250g、卵白1個分、薄口醤油適量）、片栗粉
銀餡（↓234頁）

❶ トウガンは縦に3㎝幅に切って薄く皮をむき、むいた皮目に鹿の子の包丁目を入れる。塩と重曹を少量ずつ皮目にまぶしてしばらくおき、2㎜厚さに切る。熱湯でゆでて冷水にとる。
❷ ホタテガイは殻をはずして、肝と側面についているホシ（白くて硬い部分）を取り除いて塩水で洗う。
❸ ホタテガイの水気をふいて包丁で細かく叩いて、すり鉢ですり、絹漉し豆腐、卵白を加えてすり合わせる。薄口醤油で下味をつける。
❹ ラップフィルムの上に❶のトウガンの皮目を中心に向けて花のように丸く積み重ね、刷毛で片栗粉を打って❸を丸めてのせ、茶巾に絞って輪ゴムで留める。
❺ 中火の蒸し器で6〜7分間蒸して冷ます。ラップから取り出して、冷たい銀餡を掛ける。

海月荏胡麻和へ［冷］

クラゲ、エゴマ、エダマメ、トウモロコシでつくる食感のよい和え物です。緑色のカボス釜に盛りました。釜の縁をギザギザに切ると菊花をあらわし、秋のものとなります。

クラゲ（脚）、トウモロコシ、エダマメ
土佐酢（↓233頁）
砂糖、煎りゴマ
カボス

❶ クラゲは一口大に切って、たっぷりの水にさらしてほどよく塩気を抜く。水から火にかけ、表面が縮れてきたら氷水にとる。
❷ トウモロコシは熱湯でゆでてラップフィルムで包んで冷まし、粒をはずす。エダマメはサヤのままゆでて、サヤ、薄皮をむき取る。
❸ ❶をザルにとって水気をきり、1〜2時間土佐酢に浸ける（仮漬け）。酢をきって新しい土佐酢に1時間浸ける（本漬け）。砂糖、煎りゴマで味を調える。
❹ カボスを釜にくり抜いて❸と❷を盛りつける。

唐草烏賊 水玉胡瓜 心太 [冷]

加熱すると丸くなるイカで唐草模様をつくり、キュウリの水玉を合わせて夏らしく。ところてんにみじん切りの大葉を混ぜてみました。

イカ
キュウリ
ところてん（水250cc、粉寒天2g、大葉適量）
加減酢（↓233頁）

❶ イカはワタと軟骨を抜き、エンペラをはずして開き、皮をむく。5cm幅にサク取りし、裏側に1cm間隔で斜めに包丁を入れる。それに対して垂直に1cm幅の細切りにする。
❷ 65℃のぬるま湯に20秒間浸けて丸くなったら冷水にとり、水気をきる。
❸ キュウリを丸くくり抜いて、イカの上にのせる。
❹ ところてんをつくる。水と粉寒天を合わせて火にかける。一煮立ちしたら弱火にして2分間ほど練ったのち粗熱をとる。大葉のみじん切りを加えて冷やし固め、細長く切る。
❺ ところてんとイカを盛り、冷たい加減酢を掛ける。

穴子三州焼 [温]

豆味噌を使った料理には「三州」と名づけることがあります。味噌に甘みと青サンショウのピリッとした辛みを加えてみました。

アナゴ
赤玉味噌（↓234頁）
青サンショウ（アク抜き↓234頁）

❶ アナゴは背開きにして、表面のヌメリを包丁でしごく。腹骨をそぎ取って串を打ち、焼き上げる。
❷ 青サンショウはアク抜きして水からゆで、皮を柔らかくする。
❸ 身側に赤玉味噌を塗り、焼き色をつけ、食べやすく切って青サンショウをのせる。

しぐれ麩 黄味焼 [温]

大徳寺麩のような麩を強力粉でつくりました。濃いめの味でさっと煮て、コクのある黄味酢を掛けてすすめます。

麩（強力粉1kg、塩小さじ1、ぬるま湯800cc、すりおろしたヤマイモ180cc、白玉粉50g、片栗粉50g、砂糖25g、塩少量）
揚げ油
煮汁（水1リットル、砂糖80〜100g、日本酒15cc、醤油25cc、たまり醤油30cc）
黄味酢（↓233頁）

❶ 麩をつくる。ボウルに強力粉と塩を入れてぬるま湯を加えてよくこねる。ボウルに入れたままラップフィルムをかぶせて室温で1時間おいて粘りを出す。
❷ ボウルに水を注いで❶をよくもむ。白くにごった水を別にとり、そのまま静かにしておくと浮き粉が下にたまる。この粉は今回使用しないが別の料理に利用できる。
❸ ❷を流水の下で水が透明になるまでもんでグルテンを取り出す。
❹ グルテンにすりおろしたヤマイモ、白玉粉、片栗粉、砂糖、塩を加えてフードプロセッサーにかける。これを一口大に切り分け、170℃の油で揚げる。ふくれてきたら天地を返す。
❺ 丸くふくれて色づくまで天地を返しながら揚げていく。取り出してザルに上げ、熱湯をかけて油抜きをする。麩のでき上がり。
❻ 水、砂糖、日本酒、醤油を合わせて麩を入れて火にかけ、落とし蓋をして強火で煮る。煮汁が煮詰まってきたら、たまり醤油を加えて煮上げる。
❼ 切り出して天火で熱し、黄味酢をのせて焼き上げる。

七月［前菜］②

蛤いしる焼［温］

無花果黄味ヨーグルト掛［温］

蛸茄子 梅肉掛［冷］

すっぽん煮凍り［冷］

夏も半ばにさしかかってきました。夏バテしないようにタコやアユやスッポンを使います。夏の料理には酸味をきかせると食べやすくなります。

藍色のラインが入った白い器、グラスなどを使った涼しさを感じさせる盛りつけです。

染付蛸唐草高台四方向付

鮎笹寿し［常温］

蛤いしる焼［温］

魚醤に酸味を加えると特有のクセが和らぎます。合わせたハマグリとトマトの旨みが相乗効果で旨みが増し、だし代わりになります。

ハマグリ
トマトダレ（ジュース状のトマト1：いしる醤油1：醤油1：レモン汁1：胡麻油1）
ツル菜

❶ トマトダレをつくる。トマトは皮を湯むきして、フードプロセッサーでジュース状にする。
❷ ❶のトマトにいしる醤油、醤油、レモン汁、胡麻油を同量ずつ混ぜ合わせる。
❸ ハマグリは殻をはずし、塩水で洗って水気をふく。殻に戻して焼く。途中でハマグリを返して両面を焼き、8割程度火が通ったら、トマトダレをかけて焼き上げる。
❹ 天にゆでたツル菜をのせる。

蛸茄子 梅肉掛［冷］

旬を迎えたタコとナス。さっと湯引きして皮をむいたタコの白と、皮をむいたナスの翡翠色が涼しげな組み合せです。

ミズダコ
ナス
梅肉（梅干30g、醤油15cc、カツオ節適量、たまり醤油15cc）

❶ タコは吸盤をはずしてそぎ切りにする。65℃の湯に15秒間浸けたのち、すぐに冷水にとって冷まし、水気をふく。
❷ ナスは天地を落として縦半分に切る。180℃の油で皮側から揚げる。箸でつまんでじんわりへこむようになったら裏返し、果肉側をさっと揚げてすぐに氷水にとる。
❸ 冷めたらすぐに皮をむき、絞って脱水シートで挟んで水気を抜く。
❹ 梅肉をつくる。梅干は種を抜いて裏漉しし、ペーストにする。醤油、たまり醤油、カツオ節を合わせて火にかけ、煮出して漉す。
❺ 梅ペーストを煮出した醤油でのばす。
❻ ナスの手前にタコを盛り、上に梅肉を掛ける。

無花果黄味ヨーグルト掛［温］

みずみずしいイチジクを揚げてコクを加えます。やや若めの実ならば形くずれしにくいでしょう。ヨーグルトを加えた黄味酢のまろやかな酸味が、揚物によく合います。

イチジク
小麦粉、天ぷら衣（↓232頁）、揚げ油
黄味酢ヨーグルト（卵黄5個分、酢15cc、砂糖大さじ2、薄口醤油5cc、ヨーグルト大さじ2）

❶ 黄味酢ヨーグルトをつくる。材料をすべてボウルに入れて湯煎にかけ、ゆるいとろみがつくまで泡立て器で撹拌する。火からおろし、冷めたら漉す。
❷ イチジクはヘタを落として6等分のくし形に切る。刷毛でイチジクに小麦粉をまぶし、天ぷら衣にくぐらせて、170℃の油で揚げる。
❸ イチジクの天ぷらに、黄味酢ヨーグルトを掛ける。

すっぽん煮凍り［冷］

スッポンの冷製は食べやすく、夏のスタミナアップに一役買ってくれます。昔はくさみを抑えるために酒で煮ましたが、スッポン本来の味が生きてこないし、肉がかたくなってしまいます。今はその必要はありません。ここではさし昆布をしたたっぷりの水で煮ていきます。

スッポンスープ（スッポン1kg、水3リットル、昆布5g）
スッポンスープ1リットル、スッポン500g、薄口醤油40cc
長ネギ、キュウリ、ショウガ絞り汁

❶ スッポンをほどき、60～70℃の湯に10秒間ほど浸けたのち、冷水にとって皮をむく。
❷ 1kgのスッポンに対して水を3リットル注いで昆布を入れ、強火で沸かす。
❸ 沸いたら昆布を取り出しアクを除き、中火にかける。3割ほど煮詰めたらスッポンを取り出す。
❹ スッポンの骨を除いて、身をほぐす。エンペラは細かく刻む。
❺ ❸のスッポンスープ1リットルに対して、❹のスッポン500g、薄口醤油40ccを入れて一煮立ちさせる。
❻ 煮立ったらぶつ切りにした長ネギの青い部分を入れて香りをつけ、ショウガの絞り汁を加えて冷やし固める。
❼ 長ネギの白い部分、キュウリ、ショウガを繊切りにして、水でさっと洗い、水気をきって*かもじネギをつくる。
❽ 器に❺の煮凍りをざっくりと混ぜてグラスに盛り、❼のかもじネギを天に盛る。

*かもじとは婦人が髪を結うときにボリュームをもたせるときに丸めて入れる髪。添え毛。これに似せたものを「かもじネギ」と呼ぶ。

鮎笹寿し［常温］

アユの酢締め加減がポイントです。皮の色が白く変わらないように短時間にとどめます。アユの表面に酢をまとわせるだけのイメージで。

アユ、塩、酢
米1升、寿し酢（酢180cc、砂糖120g、塩50g）
蓼、ショウガ、煎りゴマ

❶ アユは大名おろしにして腹骨をそぎ取り、薄塩をあてる。10分間おいたのち水で洗い、水気をふいておく。
❷ 寿し飯を用意する。寿し酢を合わせて、炊いた熱いご飯にきり混ぜながら冷ます。
❸ 細かく刻んだ蓼の葉、みじん切りのショウガ、煎りゴマを❷の寿し飯に混ぜ込む。
❹ アユをさっと酢にくぐらせて（30秒間ほど浸ける）水気をふき、皮をはいで包丁し、❸の寿し飯で握る。
❺ アユの上に蓼の葉を1枚のせて、笹で包んで松葉串で留める。

赤被切子九寸鉢

七月［組肴］②

石垣芋 柚子味噌掛［冷］

手長海老唐揚［温］

海胆オクラ［冷］

黒媒貝旨煮［温］

朝顔のようなガラス器にかき氷を詰めた夏らしい涼しい盛りつけです。ハスの形に似たナスタチウムの葉と、七夕にちなんで短冊に切ったニンジンとキュウリをあしらいました。

束ね素麺 蓴菜 玉子豆腐［冷］

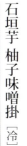

石垣芋 柚子味噌掛［冷］

旬の小芋を黒胡麻豆腐に混ぜると、断面が石垣のように見えるため「石垣芋」と名づけました。さわやかな香りの青ユズを白玉味噌に混ぜ込んで、石垣の上に添えました。

黒胡麻豆腐（だし・水各250cc、粉寒天4g、粉ゼラチン15g、豆乳500cc、砂糖30g、醤油30cc、黒練りゴマ100g）
小イモ、煮汁（だし10：日本酒1：味醂1：塩上記の0.05％量、砂糖・薄口醤油各少量）
柚子味噌（ユズ、白玉味噌→233頁）

❶ 小イモはフキンで皮をこすり取り、米糠を入れた水で串がすっと入るまで柔らかくゆでて、水に5分間さらす。
❷ だし、日本酒、味醂、塩、砂糖を合わせて❶の小イモを煮る。85～90℃を保ちながら、30分間ほど煮含めて、仕上げに薄口醤油で香りをつける。鍋のまま室温まで冷ます。
❸ ❷の小イモの汁気をきって、蒸し器で5分間蒸し、取り出して表面の水分を飛ばす。
❹ 胡麻豆腐を準備する。鍋にだし、水、粉寒天を入れて火にかけ、一煮立ちしたら弱火にして2分間ほどシャモジで練り、戻した粉ゼラチンを入れる。
❺ 別鍋で豆乳を60℃に温めて❹を混ぜ、黒練りゴマを合わせて、砂糖と醤油で味をつける。
❻ 流し缶に❸の小イモを並べ、❺を流して冷やし固める。
❼ 白玉味噌にすった青ユズの皮を合わせて、切り出した❻に添える。

海胆オクラ［冷］

オクラに卵黄を混ぜると、喉越しがよくなり、食べやすくなります。卵黄のとろりとしたコクがオクラとウニの甘さをつないでくれます。

生ウニ
オクラ10本、卵黄1個分、薄口醤油5cc

❶ オクラは塩ずりしてヘタを切り落とし、熱湯で色よくゆでて種を除き、包丁で細かく叩く。
❷ ここに卵黄を入れてよく混ぜ、薄口醤油で味を調える。
❸ ガラス器に生ウニを盛り、❷を掛ける。

手長海老唐揚［温］

テナガエビは淡水に棲むカワエビ。カワエビは夏の風物詩です。鮮やかな赤い色が組肴のなかでひときわ美しく、華になる一品です。

テナガエビ
片栗粉、揚げ油、塩

❶ テナガエビは水洗いし、水気をふいて片栗粉をまぶし、170℃の揚げ油で揚げる。
❷ 色よくかりっと揚げて、塩をふる。

黒媒貝旨煮［温］

クロバイガイは春から夏にかけて旬を迎える貝です。コクがあり歯応えのよい貝ですが、生きていないとくさみが出てしまいます。

クロバイガイ
煮汁（だし8：日本酒1：薄口醤油0.3、昆布適量）

❶ クロバイガイは水にさらして、苦みを抜く。熱湯に浸けて霜降りをし、冷水にとって内蓋をはずす。
❷ 圧力鍋にクロバイガイを入れ、だし、日本酒、薄口醤油を表記の割で合わせて、貝がかぶるくらいまで注ぎ、昆布を入れて火にかける。
❸ 沸騰して2目盛りになったら火を弱めて5分間おき、火を止めて自然放置する。
❹ 圧力がなくなったら、楊枝で食べやすいように貝を取り出す。

束ね素麺 蓴菜 玉子豆腐［冷］

夏祭りの纏のように、芯を抜いたキュウリの輪にゆがいた素麺を通しました。口当たりのよいジュンサイと玉子豆腐を盛り合わせて。

素麺
玉子豆腐（全卵1：だし2：薄口醤油適量）
かけだし（だし8：薄口醤油1：味醂1、カツオ節適量）
ジュンサイ
おろしショウガ

❶ 玉子豆腐をつくる。ボウルに卵を割りほぐしてだしでのばし、薄口醤油で味をつけて漉して流し缶に流す。
❷ 気泡が消えたら蒸し器（上段）に入れる。最初の3分間は強火、あとは弱火にして都合20分間蒸す。火が入ったら取り出す。
❸ かけだしの材料を合わせて沸かし、漉したのち冷ます。
❹ 素麺を束にして、熱湯でゆで、冷水にとる。束のまま芯を抜いたキュウリに通す。
❺ 器に素麺、切り出した玉子豆腐、ジュンサイをのせて、❸の冷たいかけだしを注ぐ。玉子豆腐におろしショウガを添える。

八月 葉月

立秋。八月は暦の上では秋となりますが、実際には一番暑い時期で夏の真っ盛りです。

この時期をどのようにしたら涼しく感じていただけるか。ひんやりとした喉越しのよい料理と、氷などを使った冷たさを感じられる演出がポイントになります。

染付印番手めろう鉢

八月［前菜］①

トマト帆立射込み 生姜餡［冷］

鮑素麺［冷］

茄子胡麻寄せ 醤油餡掛［冷］

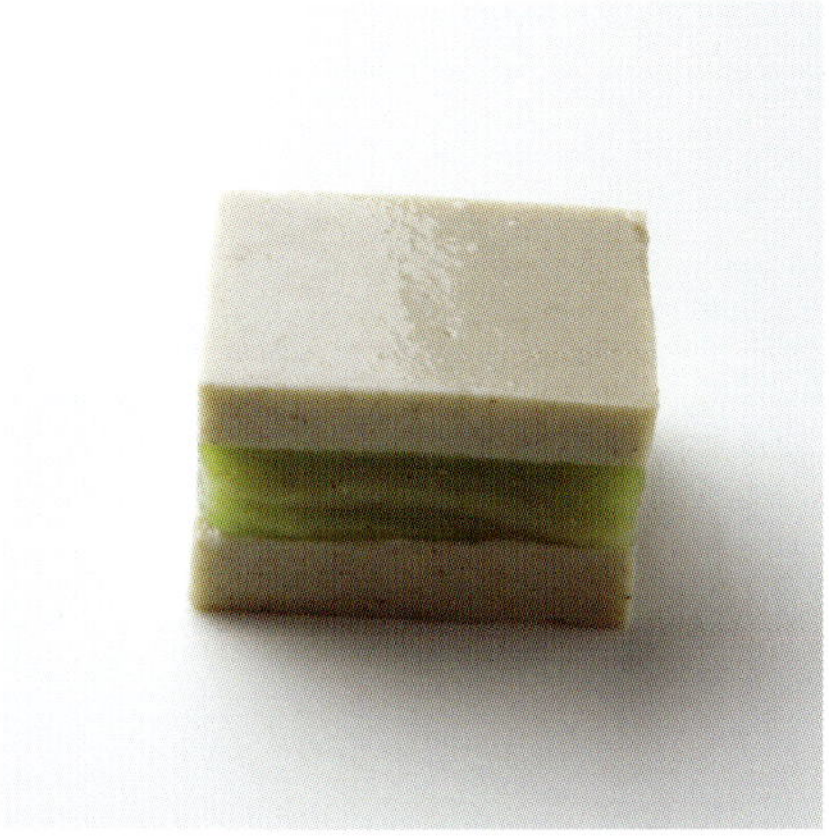

枝豆茶巾絞り［冷］

藍色の絵付けの器にかき氷を詰めて、ハスの葉を皿がわりにして盛り込みました。台は青竹の器です。高さがあるので立体的な盛りつけとなります。赤いホオズキと黄色いエビを添えた夏らしい色あいの盛りつけです。

海老蛇籠揚［温］

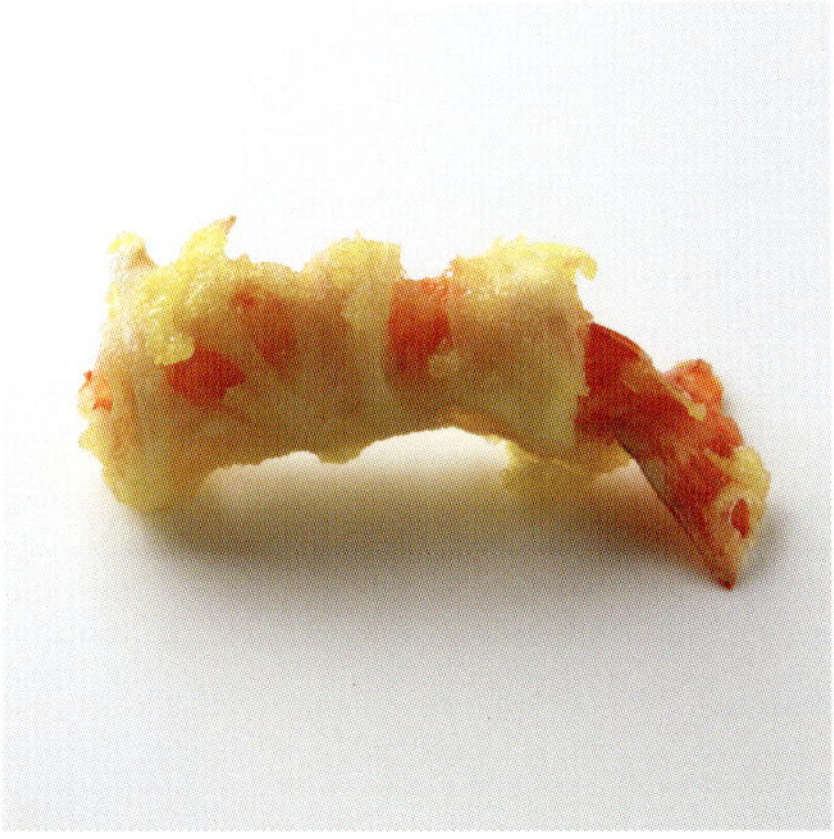

トマト帆立射込み 生姜餡［冷］

一口で食べられるような軽い仕上がりです。ホタテしんじょうはムース仕立てにしてトマトに食感を合わせて食べやすくしました。

フルーツトマト、小麦粉
ホタテしんじょう（ホタテガイ60g、すり身30g、水15cc、玉子の素30cc→232頁、みじん切りの玉ネギ大さじ2、薄口醤油少量）
生姜餡（だし15：薄口醤油1：味醂0.5、水溶き片栗粉適量、ショウガ絞り汁）
よりショウガ

❶ フルーツトマトはヘタを取り、湯むきして中をくり抜く。
❷ ホタテガイは殻をはずして肝と側面についているホシ（白くてかたい部分）を取り除き、塩水で洗う。水気をふいてすり鉢ですする。すり身と水を加えてさらにすり合わせる。
❸ ❷に玉子の素を加え、さっと湯通しした玉ネギを混ぜ合わせ、薄口醤油で薄味に調える。
❹ ❶のトマトの中に小麦粉を打って、❸を詰め、ラップフィルムで茶巾に絞り、輪ゴムで留める。電子レンジで40～50秒間ほど中心から火を入れて、その後蒸し器の中火で5分間蒸す。必要以上に火が入らないようすぐに氷水にとる。
❺ 生姜餡をつくる。鍋にだし、薄口醤油、味醂を入れて火にかけ、一煮立ちさせたら、水溶き片栗粉でとろみをつけて冷ます。冷めたらショウガの絞り汁を加える。
❻ ❹のトマト射込みを切り出して、生姜餡を掛け、よりショウガを添える。

茄子胡麻寄せ 醤油餡掛［冷］

白い可憐な花をつけるゴマは夏の風物詩。胡麻豆腐の間に、みずみずしい緑色の翡翠茄子を組み合わせた前菜です。

翡翠茄子（ナス、揚げ油）
胡麻豆腐（白練りゴマ120cc、だし300cc、水300cc、粉寒天5g、粉ゼラチン15g、豆乳600cc、塩・薄口醤油各適量）
醤油餡（だし5：薄口醤油1：味醂0.5、カツオ節適量、水溶き片栗粉適量）
花穂紫蘇

❶ 翡翠茄子をつくる。ナスはヘタを切り落とし、縦半分に切る。切り口を上に向けて、160～170℃の揚げ油に入れる。途中で返し、柔らかくなったら、氷水にとってすぐに皮をむく。水気を絞り、脱水シートに挟んで1時間おいて水分を抜く。
❷ 胡麻豆腐をつくる。鍋にだし、水、粉寒天を入れて火にかけ、一煮立ちしたら弱火にして2分間ほど練り、戻した粉ゼラチンを加える。
❸ 別の鍋で豆乳を60℃まで温め、❷と混ぜ合わせる。
❹ 白練りゴマに❸を少しずつ加えてのばし、塩と薄口醤油で味を調える。
❺ 流し缶に❹を半量注ぎ入れる。固まり始めたら、❶のナスを並べて、残りの❹を注いで冷やし固める。
❻ 醤油餡をつくる。だし、薄口醤油、味醂、カツオ節を入れて熱し、一煮立ちしたら漉し、水溶き片栗粉でとろみをつけて冷ます。
❼ ❺を切り出して上から醤油餡を掛け、花穂紫蘇をあしらう。

鮑素麺［冷］

喉ごしのよいアワビの葛打ちとオクラを緑竹の器に盛りました。冷やしてすすめるので、つゆは味を濃いめにつけるといいでしょう。

アワビ、塩、葛粉
オクラ、塩
つゆ（だし8：薄口醤油1：味醂1、カツオ節適量）

❶ アワビは身にたっぷり塩をまぶして5分間おき、身を締める。タワシでみがいて汚れを落として水で洗い流す。
❷ 殻から身を取り出し、エンガワを切りはずす。身を回しながら、2～3㎜厚さの帯状に桂むきにする。10㎝くらいの長さに切りそろえ、さらに縦に細く切る。
❸ アワビに葛粉を少量まぶし、熱湯にさっと通してザルに上げて冷やしておく。
❹ オクラは塩ずりしてヘタと先を切り落とし、竹串で種を取り除いたのち、さっと熱湯でゆでて冷水にとる。水気をきって3㎜幅に切って冷やしておく。
❺ つゆをつくる。鍋にだし、薄口醤油、味醂、カツオ節を入れて火にかけ、一煮立ちしたら漉して冷ます。
❻ 竹筒に❸のアワビを入れ、オクラを添えて、冷やした❺のつゆを注ぐ。

枝豆茶巾絞り［冷］

朱色のホオズキに緑色のエダマメが映えます。イモは薄味にし、塩ゆでのエダマメで食い味をつけています。冷蔵庫で冷やし過ぎると、ゆでたてのほっくりした食感が失われてしまいます。

エダマメ、塩
サトイモ、薄口醤油、砂糖
ホオズキ

❶ エダマメは塩ゆでしてサヤから取り出しておく。
❷ サトイモは洗って皮をむき、米糠を1つかみ入れた水に入れて火にかける。串がすっと入るくらいに柔らかくなったら取り出し、湯で軽く洗う。
❸ サトイモをすり鉢ですり、薄口醤油、砂糖を加えて薄味をつけて、ゆでたエダマメと混ぜ、ホオズキの中に入れる。

海老蛇籠揚［温］

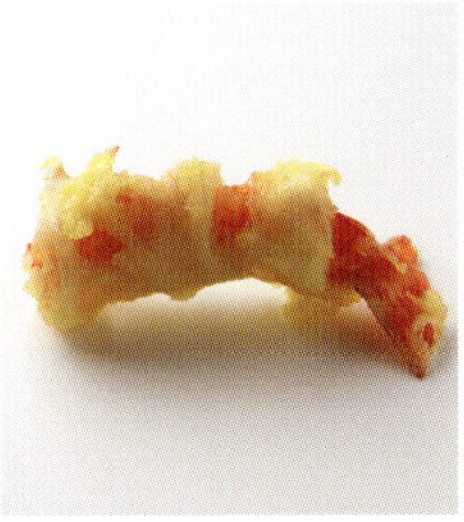

エビは縮まないよう切り込みを入れるか、串を打って真直ぐのばして揚げてください。全体に衣を厚くつけると、エビの赤色が隠れてしまうので、レンコンを中心に。

エビ
レンコン
小麦粉、黄身衣（卵黄2個分、小麦粉100～120g、水200cc）、揚げ油

❶ エビは頭を取って尾を切りそろえ、背ワタを抜く。殻をむいて腹側に切り込みを入れてのばす。
❷ レンコンは天地を落とし、2～3㎜厚さの蛇籠に桂むきする。8㎝幅に切る。
❸ エビにレンコンを巻きつける。小麦粉をまぶし、黄身衣にくぐらせて、170℃の油で揚げる。

染付みじん唐草九寸プレート

八月［組肴］①

鰻印籠煮［温］

鱧子二色寄せ［冷］

板もろこし海胆焼［温］

暁寄せ［冷］

鴨ロース煮　青松酢掛［常温］

染付の皿の上にクリスタルの器をのせて酒肴を盛り込みました。向こう側には丸いフォルムの暁寄せと、足付のグラスを配し、高低差をつけました。手前に盛った角形の料理でバランスをとります。

掻敷の緑色のつる草は左に寄せてからませると遠近感を表現することができます。

鰻印籠煮［温］

土用にちなんで、ウナギにゴボウを射込んで照り煮にしてみました。ゴボウのアクで照りがのりやすくなります。

ウナギ
ゴボウ
煮汁（日本酒2：水1：味醂1：醤油0.5：砂糖0.5：たまり醤油1）

❶ ゴボウは4.5cm長さに切り、縦に4等分にして米糠を入れた水でゆでる。串がすっと通るまで柔らかくなったら、水にさらしてゆでこぼす。
❷ ウナギは頭を落とし、5cmくらいの筒切りにする。皮を通しやすいように串の先を焼いてウナギに打つ。
❸ 強火でこんがりと焼く。焼き上がったら串を抜き、打ち抜き器で中骨を抜く。
❹ 中骨の跡に❶のゴボウを射込む。
❺ ❹のウナギを鍋に並べ、かぶるくらいの煮汁を注いで、落とし蓋をして煮る。
❻ 煮汁が煮詰まってきたら、たまり醤油を加えて照りをつける。煮汁をウナギに掛けながら、さらに煮詰めていく。ほとんど煮汁がなくなったらでき上がり。

鱧子二色寄せ［冷］

ハモの卵とシュンギクの2色の寄せ物。シュンギクは冬の野菜ですが、この時期のものはクセや苦みが少なく、さわやかな香りが楽しめます。

ハモの卵
シュンギク
ゼリー地（だし20：薄口醤油1、粉ゼラチン）

❶ ハモの卵はほぐして塩水で洗う。熱湯の中に入れて火を入れ、ザルに上げる。
❷ シュンギクは熱湯でゆでて冷水にとり、すり鉢ですってペースト状にする。
❸ 鍋にだし、薄口醤油を入れて火にかけ、一煮立ちしたら1200ccに対して50gの粉ゼラチンを加えて溶かし、冷ましてゼリー地をつくる。
❹ ❸のゼリー地の半量と❶のハモの卵を合わせて流し缶に流す。表面が固まってきたら、❸の残りのゼリー地に❷のペーストを混ぜて上に流す。冷めて固まったら切り出す。

板もろこし海胆焼［温］

トウモロコシを平らにむいて、ウニをのせ、直火で焼くのみ。素材をそのまま使って仕上げた夏のごちそうです。トウモロコシとウニの甘みがよく合います。

トウモロコシ
生ウニ、塩

❶ トウモロコシはゆでて軸ごと5cm長さに切り、粒が連なるように包丁で切りはずす。
❷ ❶を天火で焼き、上に生ウニをのせて塩をふり、ウニの表面が乾くまで焼く。

暁寄せ［冷］

スフレのようにふんわり仕上げるのがポイントです。ゼラチンで寄せますが、固まる途中でフードプロセッサーにかけると、空気を含んでふんわりとした口当たりになります。

暁豆腐（赤パプリカ120g、ジャガイモ120g、牛乳200cc、粉ゼラチン20g、塩適量）
シシトウ、醤油

❶ 赤パプリカは丸ごと直火で真っ黒に焼いて水にとり、こげた薄皮をむく。
❷ ジャガイモは皮をむいてゆでる。
❸ ❶の赤パプリカをざく切りにして、フードプロセッサーにかけて細かくする。ここに❷のジャガイモを入れてペースト状にし、牛乳を少しずつ加えてのばす。
❹ ❸を火にかけ、60℃に温まったら塩で味を調え、戻した粉ゼラチンを加えて冷ます。
❺ 8割程度固まったら、フードプロセッサーにかけて空気を入れて、流し缶に戻して冷やし固める。
❻ ❺を丸く抜いて、直火で焼いてさっと醤油をかけたシシトウを添える。

鴨ロース煮 青松酢掛［常温］

合鴨は脂がのっているので、土佐酢で煮てさっぱりした仕上がりに。少し青っぽいキュウリの香りのする緑酢を掛けた夏らしい肴です。

合鴨胸肉、土佐酢、赤唐辛子、長ネギ（青い部分）
青松酢（土佐酢→233頁、キュウリ）

❶ 合鴨の余分な脂やはみだしている皮などを切り整える。
❷ 鴨が煮汁に浸る大きさの鍋に土佐酢、赤唐辛子、長ネギを入れて火にかける。
❸ フライパンをよく熱し、油をひかずに鴨の皮目を強火で焼いて、余分な脂を出す。焼き色がしっかりついたら裏返して肉側を軽く焼く。
❹ 鴨を熱湯に浸けて脂抜きをし、すぐに煮立った❷に入れる。中火で2〜3分間煮て火を止める。そのまま室温まで冷ます。
❺ 青松酢をつくる。土佐酢に水溶き片栗粉でとろみをつけて冷やしておく。
❻ キュウリは塩ずりして熱湯でさっとゆで、冷水にとり色だしをする。すりおろして水気をきる。
❼ ❺の土佐酢に❻のおろしたキュウリを混ぜ合わせて青松酢をつくる。鴨を切り出して、青松酢を掛ける。

染錦龍絵うず長角向付

八月［前菜］②

小茄子びんろう［冷］

蒸し鮑 白瓜 トマトゼリー掛［冷］

長角皿にカキ氷を詰めた涼しげな盛りつけです。掻敷やお盆は霧をふいてぬらし、みずみずしさを感じていただきます。
残暑がひときわ厳しい夏の前菜なので、あえて熱い料理をはずしてみました。喉越しのよい、ゼリー掛や、冷たい餡を掛けてすすめます。

鱧寿し 実山椒醤油煮［常温］

生海胆芋餡掛 醤油ゼリー［冷］

茗荷豆腐 蓼酢味噌掛［冷］

小茄子びんろう［冷］

中に包み込む状態を「びんろう」と名づけます。ここでは、皮をむいた小ナスに胡麻豆腐の衣を掛けて、ナスの色を再現します。

小ナス、揚げ油
浸け地（だし1リットル、塩小さじ2、薄口醤油25cc、日本酒5cc、カツオ節1つかみ）
胡麻豆腐衣（黒すりゴマ1.5：昆布だし9：葛粉1）

❶ 小ナスはヘタを切りそろえて、下半分に十字の切り込みを入れ、170℃の油で揚げる。火が通ったら氷水にとり、手早く皮をむく。
❷ 浸け地の材料を鍋に入れ、火にかけて一煮立ちしたら漉して冷ます。冷めたら❶の小ナスを2時間ほど浸ける。
❸ 胡麻豆腐衣をつくる。昆布だし、葛粉、すりゴマを合わせて溶かし、水のうで漉す。
❹ 鍋に移して中火にかける。5分間ほど練って、シャモジですくうと、ゆっくり落ちるくらいの状態まで練り上げる。
❺ ❷の小ナスの水気をふき取り、胡麻豆腐衣にくぐらせて冷ます。

蒸し鮑 白瓜 トマトゼリー掛［冷］

トマトは、グルタミン酸やアスパラギン酸などの旨み成分がたっぷり。トマトのゼリーは、アワビによく合うだし代わりになります。

活アワビ、塩、大根おろし
シロウリ、塩水（2％濃度）、昆布
トマトだし（トマト5個、昆布5㎝角1枚、水500cc）
トマトゼリー（トマトだし7：薄口醤油1：酢1、粉ゼラチン）

❶ 殻つきのアワビに塩をたっぷりふって、タワシでみがいて汚れを除き水で洗い流す。
❷ アワビに保湿性をもたせ、高温を和らげるために上に大根おろしをのせて蒸し器に入れ、約20分間蒸したのち、常温で冷ます。
❸ 冷めたら大根おろしを除き、殻から身をはずして肝を取り除く。
❹ シロウリは太い芯抜きで種を取り除き、塩水（2％濃度）に浸ける。2～3時間おき、シロウリがしんなりしたら取り出す。
❺ シロウリをまな板の上で何度か転がして柔らかくし、昆布で挟む。
❻ トマトを小角に切り、水、昆布とともに鍋に入れて火にかけ、一煮立ちしたら火を弱めて5分間ほど煮て火を止める。
❼ 鍋のまま常温におき、冷めたら漉す。
❽ ❼のトマトだしと薄口醤油、酢を表記の割で合わせて火にかけ、一煮立ちしたら、火からおろし、戻した粉ゼラチンを入れて冷やし固める。トマトだし、薄口醤油、酢の合計300ccに対して、粉ゼラチンは5gが目安。
❾ アワビとシロウリを切り出して盛り、ざっくりと砕いたトマトゼリーを上から掛ける。

鱧寿し 実山椒醤油煮 ［常温］

ハモは牡丹ハモに適したサイズである1本600g以下がよいといわれますが、寿しには、肉厚の800g～1kgのものが合います。実サンショウを添えてピリ辛に。

ハモ
*照り焼ダレ（醤油200cc、味醂500cc、砂糖250g）
寿し飯（↓232頁）
実山椒醤油煮（↓92頁鮎並山椒煮）

*調味料を合わせて一煮立ちさせる。

❶ ハモはおろしたのち、頭を切り落として骨切りする。20cmの長さに切り、串を打ち、両面に照り焼ダレを掛けながら焼く。
❷ 寿し飯に実山椒醤油煮をさっくり混ぜる。
❸ 巻簾にラップフィルムを敷き、❶のハモを皮目を上に向けてのせ、寿し飯をのせる。
❹ 巻簾を手前から向こうに巻く。輪ゴムで留めて、30分間ほどおいて形を整える。
❺ 巻簾をはずし、ラップフィルムを巻いたまま切り出し、ラップをはずして上に実山椒醤油煮を数粒のせる。

生海胆芋餡掛 醤油ゼリー ［冷］

芋餡はビシソワーズ風（冷製ジャガイモスープ）に仕立てて、ウニとともに食べると、ウニがまろやかな味になります。醤油は、ゼリーにすると美しく盛りつけることができます。

芋餡（ジャガイモ（男爵・裏漉し）500g、牛乳800cc、塩小さじ1）
ウニ
醤油ゼリー（醤油5：味醂1：日本酒0.5、昆布、カツオ節、追いガツオ、*粉寒天）

*液体250ccに対して粉寒天4g。

❶ 芋餡をつくる。ジャガイモは皮をむき、ゆでて裏漉しする。鍋に移して牛乳を少しずつ加えてのばし、火にかける。塩で味を調え、一煮立ちしたら冷まし、冷蔵庫で冷やす。
❷ 醤油ゼリーをつくる。鍋に醤油、味醂、日本酒、昆布、カツオ節を入れて火にかけ、沸いたら追いガツオをして漉す。粉寒天を加えて弱火で2分間ほど練って、流し缶に薄く流して冷やし固める。
❸ 器に❶を注ぎ、ウニをのせ、小角に切った醤油ゼリーを散らす。

茗荷豆腐 蓼酢味噌掛 ［冷］

夏の盛りのミョウガもいいですが、大きく育った秋ミョウガは味も香りも一段と増します。特有のしゃきしゃきした歯応えを生かして豆乳で寄せました。

茗荷豆腐（ミョウガ20本、だし400cc、水400cc、粉寒天6g、粉ゼラチン15g、豆乳800cc、塩、薄口醤油）
蓼味噌（蓼、白玉味噌↓233頁）

❶ ミョウガはみじん切りにして、熱湯にくぐらせてすぐに冷水にとり、水気を絞る。
❷ 鍋にだし、水、粉寒天を入れて火にかける。一煮立ちしたら弱火にし、2分間ほど練って、水で戻した粉ゼラチンを加える。
❸ 別鍋で豆乳を60℃くらいまで温めて、❶と❷を加えて混ぜ合わせる。塩と薄口醤油で味を調えて流し缶に流し、冷やし固める。
❹ 蓼味噌をつくる。蓼の葉をすり鉢ですり、白玉味噌を加えてすり混ぜる。
❺ 茗荷豆腐を切り出して、蓼味噌を添える。

八月［組肴］②

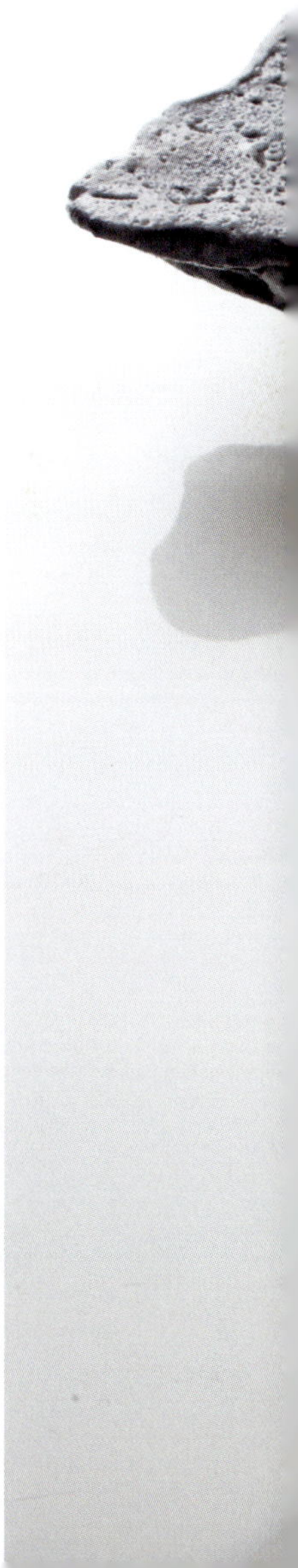

鼠志野長角皿

小芋真砂寄せ 柚子味噌掛［冷］

チーズ寄せ［冷］

葛蓮根 海老 梅肉掛［冷］

玉蜀黍 枝豆 奉書揚［温］

氷柱蛸 水雲生姜酢［冷］

ひんやりとした冷たさを感じさせてくれる器に、大小2つの猪口を向こうと手前に配してバランスをとっています。掻敷はかじの葉。

小芋真砂寄せ 柚子味噌掛［冷］

小イモは夏に出回ります。ハモもまた夏のもの。ねっとりとした小イモを食感が異なるぷちぷちとしたハモの子で寄せた涼しげな夏の一品です。青ユズの香りが引き立てます。

小イモ（サトイモ）
煮汁（だし10：日本酒1：味醂1、塩・薄口醤油・砂糖各適量）
真砂寄せ（ハモの卵、地（だし12：薄口醤油1）、*粉ゼラチン）
青柚子味噌（青ユズ、白玉味噌→233頁）
*地125ccに対して粉ゼラチン5g。

❶ サトイモは泥を洗い落として底を切り落とし、熱湯で3分間ほどゆでて冷水にとり、皮をむく。米糠を入れた水で、串がすっと通るまで柔らかく煮たのち、水に15分間ほどさらしておく。
❷ 薄味をつけた煮汁にサトイモを入れて火にかけ、85℃程度を保って30分間煮含める。
❸ 真砂寄せをつくる。ハモの卵は、血をスプーンの背で押し出して塩水で洗う。熱湯で完全に火が通るようにゆで、冷水にとってザルにあけて水気をきる。
❹ だし、薄口醤油を鍋に入れて火にかけ、一煮立ちしたら火からおろし、戻した粉ゼラチンを溶かす。粗熱がとれたらハモの卵を入れて混ぜる。
❺ 流し缶に❷のサトイモを敷き詰め、❹を流して、冷蔵庫で冷やし固める。
❻ 青柚子味噌をつくる。青ユズの表皮をすりおろし、白玉味噌を混ぜ合わせる。
❼ ❺を切り出し、❻の青柚子味噌を掛ける。

葛蓮根 海老 梅肉掛［冷］

レンコンのしゃきしゃきした歯ざわりを生かしたいので、細かく刻んで熱湯にさっとくぐらせて仕上げます。真っ白な葛蓮根に、添えたエビの赤色が映えます。

葛蓮根（レンコン400g、昆布だし1リットル、葛粉200g、塩適量）
梅肉（→104頁蛸茄子梅肉掛）
エビ

❶ レンコンは天地を切り落とし、皮をむいて一口大に切る。フードプロセッサーにかけて細かくし、熱湯でさっとゆでてザルにとる。
❷ 昆布だしに葛粉を入れて溶かす。これを火にかけて木杓子で練る。固まってきたら中火にしてレンコンを加え、塩で味を調える。
❸ ❷をラップフィルムで茶巾に絞って、氷水に落として冷ます。
❹ エビは背ワタを抜いて熱湯でゆで、頭と尾を取り、殻をむく。
❺ 葛蓮根のラップをはずし、梅肉を掛ける。エビを添える。

チーズ寄せ［冷］

玉子豆腐のようにつるりとしている、この季節にとても食べやすい食感です。乳製品にはさわやかなショウガの香りがよく合うので、ショウガ汁を加えた生海苔餡をチーズ寄せに掛けました。

チーズ寄せ（クリームチーズ250g、全卵5個、だし300cc、粉ゼラチン4g、薄口醤油10cc）
生海苔餡（だし20：薄口醤油1：日本酒0.5、水溶き片栗粉、ショウガ絞り汁）

❶ チーズ寄せをつくる。クリームチーズは室温に戻しておく。卵、だし、チーズをよく混ぜ合わせ、一旦漉す。
❷ ここに水で戻した粉ゼラチンを湯煎に軽くかけて液体状にして加え、薄口醤油で味を調えて、流し缶に流し入れる。
❸ 流し缶を強火の蒸し器に入れて5分間、弱火にして30分間ほど蒸して冷ます。
❹ 生海苔餡をつくる。鍋にだし、薄口醤油、日本酒を入れて火にかける。一煮立ちしたら水溶き片栗粉でとろみをつけて、生海苔とショウガの絞り汁を加えて冷ます。
❺ ❷のチーズ寄せを切り出して、上から生海苔餡を掛ける。

玉蜀黍 枝豆 奉書揚［温］

春巻の皮を奉書に見立てて出盛りのトウモロコシとエダマメを巻いてさっと揚げました。ともに歯ざわりが残るように仕上げてください。これは熱々でお出しします。

トウモロコシ
エダマメ
春巻の皮、卵白
揚げ油、塩

❶ トウモロコシは熱湯でゆで、粒をはずす。エダマメはゆでて冷水にとり、サヤをはずして薄皮をむく。
❷ 春巻の皮を4等分の正方形に切る。トウモロコシとエダマメをそれぞれ並べて包み、端を卵白で留める。
❸ 170℃の油で揚げて油をきり、塩をふって両端を切りそろえる。

氷柱蛸 水雲生姜酢［冷］

葛打ちして氷に見立てたタコ。もずく酢の中に浮かべて涼しさを感じていただきます。

タコ、葛粉
モズク
加減酢（↓233頁）

❶ モズクはさっと熱湯にくぐらせて冷水にとり、ザルに上げて水気をきる。加減酢を適量取り分け、モズクを30分間仮漬けする。
❷ ❶のモズクをザルに上げて、新しい加減酢に1時間浸ける（本漬け）。
❸ タコは吸盤をはずして、細切りにする。葛粉をまぶして熱湯にくぐらせ、すぐに冷水にとる。
❹ 器にモズクを盛り、タコをのせて、冷たい加減酢を注ぐ。

秋

九月　長月

十月　神無月

十一月　霜月

秋の歳時記

九月　長月　ながつき

行事●重陽《ちょうよう》の節句、十五夜、月見、二百十日、敬老の日、彼岸、お墓参り

二十四節気●白露《はくろ》、秋分、お九日

自然●仲秋《ちゅうしゅう》、台風、虫の声、味覚狩り、秋の七草、行合いの空、野分《のわけ》、宵闇、秋《しゅう》霖《りん》、初涼《しょりょう》、色なき風、秋の長雨、鰯雲

掻敷●柿の葉、菊花、菊の葉、栗のいがと葉、すすき、樹木の葉（葛、栃、桑、蜜柑など）、萩、紅葉

野菜●秋茄子、無花果、栗、枝豆、柿、川海苔、菊花、茸、黍、銀杏、栗、胡桃、里芋、紫蘇の実、春菊、新小豆、新胡麻、新大豆、新米、ずいき、酢橘、西洋南京、唐辛子、とんぶり、長芋、梨、葡萄、松茸、むかご、山葡萄

魚介●秋鯵、秋鯖、イクラ、石鰈、うるか、落ち鮎、かます、からすみ、かわはぎ、秋刀魚、縞海老、酒盗、鱸、はぜ、紅鮭、鯔《ぼら》、目板鰈、もどり鰹

菓子、他●月見団子、月羹《げっかん》、萩の餅

十月　神無月　かんなづき

行事●十三夜、衣替え、運動会、秋祭り、紅葉狩り、秋土用

二十四節気●寒露《かんろ》、霜降《そうこう》

彼岸花

松茸

りんご

自然●晩秋、鰯雲、秋の七草、月待ち、照葉《てりは》、秋の長雨、天高し、初雁、山粧《やまよそお》う、夕焼け、色なき風

掻敷●いちょう、菊、栗の葉、すすき、ひば、松葉、紅葉

野菜●秋茄子、あけび、柿、香母酢《かぼす》、花梨、菊花、銀杏、栗、石榴《ざくろ》、ささげ、さつま芋、椎茸、自然薯、しめじ茸、春菊、新蕎麦、新米、新落花生、酢橘、冬瓜、とんぶり、梨、なつめ、松茸、むかご、八つ頭、山芋、柚子、りんご、蓮根

魚介●イクラ、鰯、うるか、えぼ鯛、落ち鮎、牡蠣、鰍《かじか》、鰹、このしろ、鮭、鯖、鰆、秋刀魚、するめ烏賊、太刀魚、沙魚《はぜ》、河豚《ふぐ》、渡り蟹

菓子、他●葛湯、生姜湯、吊し柿、べったら漬け

新米

十一月　霜月　しもつき

行事●七五三、紅葉狩り、新嘗祭《にいなめさい》、ボージョレーヌーヴォー解禁日

二十四節気●立冬、小雪《しょうせつ》

自然●初冬、深山、木枯らし、小春日和、氷雨《ひさめ》、鰯雲、時雨《しぐれ》、初霜

掻敷●いちょう、柿の葉、山茶花、千両、朴葉、ひば、紅葉

野菜●海老芋、蕪、銀杏、栗、胡桃、慈姑、牛蒡、鮭、新海苔、セロリ、大根、なめこ茸、人参、はば海苔、冬キャベツ、むかご、百合根、りんご、蓮根

魚介●あら、鮟鱇、イクラ、牡蠣、蟹、かわはぎ、ししゃも、はたはた、平目、帆立貝、北寄貝、鯔《ぼら》、河豚、真子鰈

菓子、他●織部饅頭、銀杏餅、亥の子餅、龍田川、菊花餅、初霜

栗

初雪

九月 長月

夏の気配が残るものの、その日差しはずいぶん秋めいてきました。暑さも一段落。少しずつ夏の鮮やかさがあせ始めますが、まだ完全に枯れ切ってはいない季節です。人間の五感でしか感じとることができないわずかな変化を料理にも表わしたいものです。

五節句の一つである九月九日の重陽の節句にちなんで菊花を使い、旧暦八月十五日（新暦では九月）の芋名月を飾る萩の花をあしらうことで、秋を感じていただきます。

九月［前菜］①

錦菊絵九寸プレート皿

菊花長芋潤香のせ ［冷］

秋刀魚 菊花焼 ［温］

燻し鮭 梨蜜掛 ［冷］

ピータンチーズ 柚子味噌 ［冷］

皿に描かれた菊の絵柄を借りた盛りつけです。菊の枝に花が咲いているように、菊花長芋と菊花衣をかけたサンマを枝に沿わせて盛り、萩の花と葉に見立てた飯蒸しを添えています。

萩飯蒸し ［温］

菊花長芋潤香のせ［冷］

ナガイモは菊花型で抜いてウルカを添えると秋の料理となります。ウルカはアユの塩辛。内臓、卵巣、精巣でつくられ、それぞれ苦うるか、子うるか、白うるかと呼ばれています。ここでは仕込みから2年経過した使う苦うるかを添えて。

ナガイモ、塩水（2％濃度）
なます酢（→233頁）
ウルカ

❶ ナガイモは皮をむく。1cm厚さに切って、菊花型で抜き、くり抜き器で中心に丸い穴をあける。
❷ 塩水にナガイモを1時間浸けて脱水させて、なます酢が中にしみ込みやすいようにしておく。
❸ ❷のナガイモがしんなりしたら、水気をきり、なます酢に1時間以上浸ける。
❹ ナガイモの汁気をきり、丸い穴にウルカを盛る。

燻し鮭 梨蜜掛［冷］

塩味のあるスモークサーモンに、みずみずしいナシを煮詰めてとった蜜をかけました。砂糖を一切使わない自然の甘みがサーモンを引き立ててくれます。

スモークサーモン
ナシ
ツルムラサキの花芽

❶ ナシは皮をむいてすりおろして、ガーゼに包み、果汁を鍋に絞り出す。
❷ これを強火にかける。一煮立ちしたら、アクをすくい、べっこう色に色づいてとろみがつきハチミツ状になるまで、20〜30分間中火で煮詰めて冷ます（およそ1／10量になるまで煮詰める）。
❸ スモークサーモンを切り出し、❷のナシ蜜を掛け、熱湯にくぐらせて色だしをしたツルムラサキの花芽を添える。

秋刀魚 菊花焼［温］

サンマは塩焼きが一番ですが、小ぶりなサンマは内臓を叩いたタレに浸けて焼き、内臓と上にのせたシュンギクの苦みの相乗効果で旨みが生まれます。

サンマ
焼ダレ（サンマの内臓1：日本酒1：醤油1：味醂1）
黄菊、シュンギク、卵白、塩

❶ サンマは頭を落として腹を割り、内臓を取り出して大名おろしにする。
❷ 焼ダレをつくる。サンマの内臓（内臓すべて）は包丁で叩いて、その他の調味料と合わせる。
❸ ❶のサンマを焼ダレに30分間浸ける。
❹ 黄菊は花びらをむしり、酢を加えた熱湯でゆがく。水にさらして水気を絞る。
❺ シュンギクは葉のみを使う。熱湯で色よくゆがき、冷水にさらして水気を絞って刻む。
❻ サンマを切り出して串を打つ。両面を8割まで焼き、タレを掛けながらあぶって乾かす。
❼ 卵白をツノが立つまで泡立てる。塩を加えて下味をつけ、ゆがいた黄菊とシュンギクを混ぜ合わせる。
❽ ❻の上に❼を丸くとってのせ、天火で焼く。火が通って卵白が固まったら、串を抜いて器に盛る。

ピータンチーズ 柚子味噌［冷］

香港で初めて味わったピータンチーズを和風にアレンジ。ユリネを混ぜると、鼻に抜けるピータンの刺激臭が和らぎ、独特の旨みが生まれます。

ピータンチーズ（ピータン2個、ユリネ1株、クリームチーズ200g、粉ゼラチン4g、水50cc、薄口醤油適量）
柚子味噌（白玉味噌→233頁、ユズ）

❶ ピータンチーズをつくる。ピータンは殻をむいて卵白と卵黄に分け、卵白部分は細かめに叩き、卵黄部分は10等分に切る。
❷ ユリネは掃除をし、1枚ずつばらして、細かく刻む。熱湯でゆでてザルに上げ、水気をきる。
❸ クリームチーズを室温に戻して、❶と❷を加えて混ぜ合わせる。分量の水でふやかした粉ゼラチンを加えて、薄口醤油で味を調える。流し缶に流して、冷やし固める。
❹ 柚子味噌をつくる。白玉味噌にすりおろした黄色いユズの表皮を混ぜ合わせる。
❺ ❸を切り出して、上に柚子味噌を添える。

萩飯蒸し［温］

緑色のギンナンと紫色の小豆を萩の葉と花に見立てました。飯はセルクルで丸く抜いて満月を表現して、他の料理と形のバランスをとりました。月見の夜に相応しい、温かい前菜です。

小豆
ギンナン、揚げ油、塩
もち米、塩水（1.5％濃度）

❶ もち米は洗って3時間ほど浸水させる。
❷ もち米をザルにとって水気をきり、サラシで包み、蒸し器に入れて30分間ほど蒸す。
❸ 一旦ボウルにあけて、塩水を加えて味を調えたら、再び蒸し器に入れて5分間蒸して味をなじませる。
❹ 小豆は2度水から火にかけてゆでこぼしたのち、皮が柔らかくなるまでゆっくりと煮て冷ます（煮くずれしないよう、ややかために）。強火でゆでると煮くずれてしまうので注意。
❺ ギンナンは鬼殻をむき、160℃の油で揚げて薄皮をむき、塩をふる。小豆と同じくらいの大きさに切る。
❻ セルクルにもち米を詰めて蒸し器で温め、小豆、ギンナンをのせる。同じ径のセルクルで丸く抜いた大根を上から押して平らにし、セルクルを抜いて盛る。

深さがある角皿に、秋の酒肴6種を盛り合わせました。スダチ釜の縁を菊花のように切って、秋を表現。衣かつぎの上には萩の花に見立てたゴマを、また菊花のように放射状に並べたエビの芋寿しなど、秋らしい演出です。器の高さを生かして、ススキを斜めに添えて立体感を出します。

九月［組肴］①

寄せ水雲 黄味辛子掛［冷］

海老菊花寿し［冷］

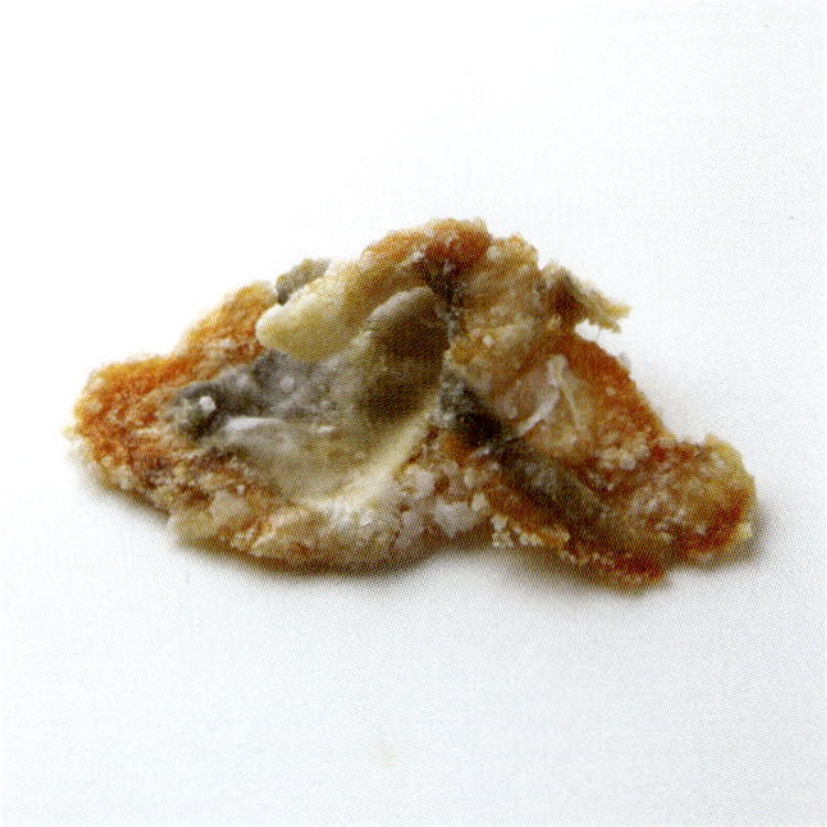

鮎煎餅［温］

蛤酒盗餡掛［温］

鰤とんぶり和へ 酢橘釜［冷］

衣かつぎ［温］

灰釉鎬ぎ正角向付

寄せ水雲 黄味辛子掛［冷］

モズクの白酢和え風。酒肴として食べやすいようにゼラチンで寄せて黄味辛子を掛けました。豆腐を使った白酢は、豆名月の秋を感じさせる料理の一つです。

モズク500g、木綿豆腐（水きり）400g
加減酢（だし1リットル、薄口醤油150cc、酢150cc）、粉寒天4g、粉ゼラチン40g、黄味辛子（↓233頁）

❶ モズクは熱湯にさっとくぐらせて冷水にとり、水気をきっておく。
❷ 水きりした木綿豆腐は、細かい目で裏漉しする。
❸ 加減酢の材料と水でふやかした粉寒天を鍋に合わせて一煮立ちさせ、2分間ほど加熱し、水で戻した粉ゼラチンを加えて溶かす。
❹ ❸に❶のモズクと❷の木綿豆腐を合わせてよく混ぜ、流し缶に流す。粗熱がとれたら冷蔵庫で冷やし固める。
❺ ❹を切り出し、黄味辛子を掛ける。

鮎煎餅［温］

名残のアユは身がやせ、味が落ちると思われがちですが、使い方次第で充分おいしい一品になります。ここでは身を薄くのばし、かりっと揚げて煎餅に。風干しは電子レンジで2分間弱加熱すると時間短縮できます。

アユ、片栗粉
揚げ油、塩

❶ アユは内臓を抜いて薄い筒切りにする。片栗粉をまぶし、クッキングシートで挟み、ビンなどで軽く叩いて薄くのばす。
❷ 盆ザルに重ならないように並べて、風通しのよいところに一晩おいて風干しにする。
❸ 180℃の揚げ油に入れ、かりっと揚がったら取り出して油をきり、塩をふる。

魳とんぶり和へ 酢橘釜［冷］

九月から晩秋が旬のカマスを同時期に出回る生のトンブリと合わせて加減酢で和えました。脂がのったカマスにはだしでほどよく割った加減酢がよく合います。とんぶりとあしらいの花穂紫蘇を萩の花に見立てています。

カマス、塩、スダチ
とんぶり（パック入り）
吉野酢（↓233頁）
花穂紫蘇

❶ カマスは三枚におろして腹骨をかく。薄塩をあてて30分間おき、水で洗って水気をふいておく。
❷ スダチは実をくり抜いて菊型の釜をつくる。実は絞って果汁をとる。
❸ カマスの皮をはぎ、❷で絞ったスダチ果汁に5分間浸けて酢締めにする。吉野酢を冷まし、スダチ果汁を混ぜる。
❹ カマスを取り出し、汁気をふいて細く切る。とんぶりと和えて酢橘釜に盛り、吉野酢を掛け、花穂紫蘇の花びらを散らす。

海老菊花寿し［冷］

一品あざやかな赤色のエビを入れて全体を引き立てます。エビの曲がった背を利用して菊花に見立て、中に卵黄で色づけた芋寿しを入れて茶巾に絞りました。

エビ
芋寿し（↓232頁）
黄菊（花びら）
吉野酢（↓233頁）

❶ エビは頭と背ワタを取って、つの字に曲げて、塩を入れた熱湯でさっとゆでて取り出す。冷めたら殻をむき、両端を切りそろえる。
❷ ラップフィルムの上にエビと芋寿しをのせて茶巾に絞り、吉野酢を塗り、ゆでた黄菊を添える。

蛤酒盗餡掛［温］

脂の少ない初夏のカツオの内臓でつくった酒盗が、ちょうど秋に食べ頃を迎えます。塩分が強いので、卵を加えて味を和らげました。ハマグリに火を入れすぎないよう注意しましょう。

ハマグリ
酒盗餡（酒盗大さじ5、全卵5個）
シュンギク
エダマメ

❶ 酒盗餡をつくる。酒盗を水のうに入れ、塩分が少し残るくらいまで水にさらして水気をきる。
❷ ボウルに❶の酒盗と溶き卵を合わせて湯煎にかける。泡立て器で混ぜながら柔らかく熱を入れ、とろみがついてきたら火からはずして冷ます。
❸ ハマグリは水で洗って、殻つきのままバットに並べ、蒸し器に入れて5〜7分間蒸す。殻が開いたら一旦身をはずして殻に戻す。
❹ ❷の酒盗餡を掛け、ゆでて3cmに切りそろえたシュンギクと、ゆでたエダマメを添える。

衣かつぎ［温］

中秋の名月（旧暦八月十五日、別名芋名月）には、収穫したサトイモを供えて月見をする風習があります。この料理は「きぬかつぎ」と読みますが、小イモの皮を衣（着物）に見立て、皮をつけて蒸した小イモのことをさします。

早生小イモ
昆布立て（↓232頁）
ゴマ塩

❶ 小イモは水でよく洗って泥を落とす。下の部分を切り落とし、天から1／3ほどの高さのところに一周浅い切り目を入れる。
❷ 小イモを冷たい昆布立てに2時間浸けて味をなじませる。
❸ 蒸し器に入れて15分間蒸したのち、切り目より上の皮をむき、ゴマ塩をふる。

九月［前菜］②

湿地春菊真砂和へ ［冷］

鴨茜煮 すすき葱 ［常温］

月薯蕷羹 うさぎ川苔 杵生姜 ［冷］

松茸忍び揚 ［温］

少しくすんだ色の器を選んで、秋の気配を感じていただきます。高台付きの器に練り塩を盛って台となるカボス釜をのせて全体をまとめました。

月見にちなんで、満月にウサギ形の水前寺海苔をのせ、杵ショウガを添えてウサギの餅つきです。その横には杵と左右対称になるようにススキに見立てた長ネギを盛って安定感を出しました。

秋刀魚菊花寿し ［冷］

灰釉洌なぶり丸高台皿

湿地春菊真砂和へ ［冷］

ほぐした魚卵が小さな砂粒のように見えることから魚卵の和えものを「真砂和え」といいます。九月に出回り始めたハモの卵でシメジとシュンギクを和えて、菊花型のカボス釜に盛りつけました。

シメジタケ、煮汁（だし30：薄口醤油1）
シュンギク
ハモの卵、塩水
カボス、ポン酢

❶ シメジタケは石づきをとってほぐし、70℃の湯にさっと通す。だしに薄口醤油を加えて70℃に熱し、シメジタケを10分間ほど煮て、そのまま冷ます。70℃以上になると、キノコから苦みが出るので温度に注意。
❷ シュンギクは葉をむしって熱湯でゆで、水にさらす。水気を絞って、食べやすく刻む。
❸ ハモの卵は塩水で洗ってほぐし、熱湯でゆでて冷水にとり、ザルに上げて水気をきる。
❹ カボスは果肉をくり抜き、縁に切り込みを入れて釜をつくる。果肉は絞っておく。
❺ カボス果汁1に対してポン酢3を合わせる。
❻ シメジタケ、シュンギク、ハモの子を混ぜてカボス釜に詰め、❺を掛ける。

月薯蕷羹　うさぎ川苔　杵生姜 ［冷］

薯蕷羹を丸く抜いて満月に見立てました。月の上にうさぎ型に抜いた水前寺海苔をのせ、杵生姜を添えて、満月に映るうさぎの餅つきを表現した遊び心のある一品です。

薯蕷羹（ナガイモ600g、昆布だし300cc、塩4g、薄口醤油5cc、粉ゼラチン20g）
水前寺海苔
谷中ショウガ

❶ ナガイモは皮をむき、2／3は包丁で細かく叩く。残り1／3はすり鉢ですりおろす。両者を混ぜ合わせておく。
❷ 昆布だし、塩、薄口醤油を鍋に入れ、一煮立ちしたら火を止め、水で戻した粉ゼラチンを加える。人肌まで冷めたら❶を混ぜ合わせて、流し缶に流し、冷蔵庫で冷やし固める。
❸ 水前寺海苔は一晩水に浸けて、銅鍋でゆでて色よく戻し、水にさらす。これをうさぎ型で抜く。谷中ショウガを杵の形にむく。
❹ ❷の薯蕷羹を丸く抜き、うさぎ海苔と杵生姜を添える。

鴨茜煮　すすき葱 ［常温］

ケチャップで煮たので「茜煮」としました。短時間加熱をして余熱で火を入れる作業を何度かくり返して、ゆっくり火を通すのが、しっとり煮上げるコツ。長ネギをススキに見立てて添えました。

合鴨胸肉4枚
煮汁（水500cc、日本酒500cc、砂糖120g、醤油60cc、長ネギの青い部分適量、ケチャップ60cc、たまり醤油15cc）
長ネギ、白ゴマ

❶ 合鴨は余分な脂身、スジを切り取り、形を整える。フライパンを熱し、皮目から焼き始める。まず強火で焼いて、充分脂を落とす。焼き色がしっかりついたら裏返して、肉の表面に火が入って白くなる程度までさっと焼く。熱湯に入れて脂と汚れを落として、手早く引き上げる。
❷ 煮汁の材料を鍋に合わせ、火にかける。沸騰したら合鴨を入れて3分間ほど煮て取り出し、1分間ほど余熱で火を入れる。
❸ ❷の煮汁に合鴨を戻して再度火にかけ、3分間煮て取り出し、1分間余熱で火を入れる。
❹ ❸の工程を6回くり返して、鴨肉にじっくり火を通す。

❺ 煮汁が煮詰まり、濃度がついてきたら、ケチャップ、たまり醤油を加えて、鴨肉にからめる。
❻ 長ネギは繊切りにして、端を長ネギの芯で留める。白ゴマをまぶしてススキに見立てる。
❼ 切り出した合鴨に煮汁を掛けて、❻の長ネギを添える。

松茸忍び揚［温］

九月に入るとマツタケが出回ります。マツタケが見えないように牛肉で巻いて揚げたので「忍び揚」と名づけました。

マツタケ、おろしショウガ、薄口醤油
三ツ葉
牛肉薄切り（モモでもロースでも可）
小麦粉、天ぷら衣（↓232頁）、揚げ油、塩

❶ マツタケは軸のかたい部分を包丁で削り落とし、水でさっと洗って土を落とす。水気をふいて、ザルの上にのせてほどよく乾燥させる。
❷ ❶のマツタケにおろしショウガ、薄口醤油をもみ込む。
❸ 三ツ葉とともに牛肉で巻いて小麦粉をまぶし、天ぷら衣にくぐらせて170℃の揚げ油で揚げて塩をふる。半分に切り分ける。

秋刀魚菊花寿し［冷］

黄菊とシュンギクを酢飯がわりに使ったサンマの寿し。黄色と緑色で葉付きの菊花に見立てました。サンマの焼き色が秋らしさを添える一品です。

サンマ、塩、酢
黄菊、シュンギク
昆布立て（↓232頁）
吉野酢（↓233頁）

❶ サンマは大名おろしにして薄く塩をして20分間おく。串を打ってガス台で皮目をあぶる。
❷ 焼き目がついたら氷水にとって冷ます。水気をふいて酢洗いし、小骨を抜く。
❸ 黄菊の花びらをむしり、酢を加えた熱湯でゆでて冷水にとる。シュンギクは葉をむしり、熱湯でゆでて冷水にとる。
❹ ❸の水気をそれぞれ絞り、昆布立てに浸ける。
❺ 巻簾にラップフィルムを敷き、❷のサンマを皮目を下に向けてのせる。その上に汁気を絞った黄菊、シュンギクを重ねて手前から巻いていく。
❻ ラップの両端を結わき、30分間おいてなじませる。一口大に切り出して冷たい吉野酢を掛ける。

織部は秋らしい深い緑色が特徴です。白い猪口に盛った銀杏粥が盛りつけの台となります。豆名月にちなんだずんだ焼き、イクラに添えたイチョウ、菊花形に抜いた胡桃豆腐、そして酒盗を添えた温かい銀杏粥と、秋らしい酒肴をそろえました。

豊作を祈念して稲穂を掻敷としました。

織部線彫長角皿

九月［組肴］②

生海胆イクラ和へ［冷］

栗いが揚［温］

銀杏粥 酒盗のせ［温］

柿肝挟み揚［温］

菊胡桃豆腐［冷］

鰤ずんだ焼［温］

生海胆イクラ和へ ［冷］

九月から十一月頃までがイクラの食べ頃。時期が遅くなるにつれて、イクラの膜がだんだんかたくなってきます。生ウニとトンブリはイクラ醤油漬けの味で食べていただきます。

生ウニ
生ハラコ、塩水（1.5％濃度）
イクラ醤油（薄口醤油50cc、日本酒10cc、昆布3cm角1枚、カツオ節適量）
トンブリ、ナガイモ

❶ イクラ醤油漬けをつくる。鍋にイクラ醤油の材料を入れて火にかけ、一煮立ちさせて火を止め、そのまま冷まして漉しておく。
❷ 生ハラコを1.5％濃度の塩水に浸け、薄膜をはずしてほぐす。ほぐれたら塩水を捨てて、もう一度新しい塩水で洗ってザルで水気をきっておく。
❸ ❷を容器に入れ、イクラ醤油を適宜加えて2時間ほど浸ける。
❹ 生ウニにイクラを掛けて、とんぶり、イチョウに型抜きしたナガイモを添える。

銀杏粥 酒盗のせ ［温］

走りのギンナンと、春仕込んで秋のこの時期に食べ頃を迎えた酒盗を使ったお粥。酒の肴にぴったりの一品。

粥（米1：水10）、塩
ギンナン
塩、薄口醤油
酒盗

❶ 米1に対し、水10を入れて炊く。米が柔らかくなったら、薄い塩味をつけて粥をつくる。
❷ ギンナンは鬼殻と薄皮をむいて裏漉しする。❶の粥10に対して、裏漉ししたギンナンを1の割で加えてよく混ぜて火を通す。
❸ 塩と薄口醤油で味を調えて器に盛り、酒盗をのせる。

菊胡桃豆腐 ［冷］

秋に収穫したクルミでつくる胡麻豆腐のような寄せ物です。クルミは使う直前に煎ることが、こうばしい香りの決め手となります。菊花型で抜いて、菊花に見立てました。

胡桃豆腐（水200cc、豆乳500cc、葛粉80g、クルミペースト150g、塩適量）
赤玉味噌（↓234頁）、ユズ

❶ ボウルに水と葛粉を合わせて水のうで漉す。
❷ ❶を鍋に移して火にかけて練り、固まってきたら豆乳でのばす。最後にクルミペースト、塩を入れて練り上げ、流し缶に流して冷やし固める。
❸ 赤玉味噌にユズの表皮をすりおろして混ぜ合わせる。
❹ 胡桃豆腐を菊花型で抜き、❸を少量添える。

栗いが揚［温］

ゆでたクリに茶素麺をまぶしてからりと揚げ、木から落ちたばかりの、イガに包まったクリを再現しました。九月のクリはまだ青いので、揚げ色がつかないように注意しましょう。

クリ
小麦粉、卵白、茶素麺、揚げ油
塩

❶ クリは鬼皮、渋皮をむき、米糠を入れた水でゆでてザルに上げて水気をきる。
❷ ❶のクリに小麦粉をまぶし、布漉しした卵白にくぐらせて、適宜に折った茶素麺をまぶす。
❸ 160℃に熱した油で揚げて、塩をふる。半分に切って切り口を見せる。

柿肝挟み揚［温］

鶏レバーをペースト状にすり、柿で挟んで天ぷらにしました。柿の甘さとレバーのコクがよく合います。

柿
鶏レバー、ワケギ、薄口醤油
小麦粉、天ぷら衣（→232頁）、揚げ油、塩

❶ 鶏レバーの血合いや汚れを取り、1％濃度の塩水で洗う。熱湯でゆでこぼし、ザルに上げて水気をきっておく。
❷ ❶をすり鉢でよくすり潰す。小口切りにしたワケギ、薄口醤油を加えて混ぜ合わせる。
❸ 柿は皮をむいて5㎜厚さに切り、刷毛で小麦粉をまぶし、❷を挟む。周りに小麦粉をまぶして天ぷら衣にくぐらせて170℃の油で揚げて油をきり、塩をふる。適宜に切って盛りつける。

魳ずんだ焼［温］

エダマメは夏のものと思われがちですが、エダマメの一種の茶豆は秋が旬。九月は豆名月なので、カマスの上にずんだをのせて焼き上げました。

カマス、塩
若狭地（だし3：日本酒2：薄口醤油1）
エダマメ、卵白、塩

❶ カマスは三枚におろして薄塩をあて、30分間おいて水分を抜く。水洗いして塩を落とし、水気をふいておく。
❷ エダマメはゆでてサヤから出し、薄皮をとって、すり鉢ですり潰す。布漉しした卵白をつなぎに少量加えて、塩で味を調える。
❸ カマスは片褄折りにして串を打つ。直火で焼き、焼き目がついてきたら、若狭地を何度か掛けながら焼く。
❹ カマスに8割程度まで火が入ったら、カマスの皮目に❷のずんだをのせて温め、色鮮やかさが失なわれないように焼き目をつけて仕上げる。

十月　神無月

夏の気配はすっかり消えて、山々が赤や黄色に色づき始めました。いよいよ秋本番です。さりとて、まだ秋は深まりきっていません。差し込む日差しもまだ明るい、そんなイメージの季節です。

料理にも、そんな明るく美しい色合いを盛り込みます。添える掻敷も、緑の葉のなかに色づいた葉をまぎれ込ませて、浅い秋を表わすといいでしょう。

十月［前菜］①

あけび味噌焼 牛肉 長芋 栗［温］

松茸寿し［常温］

鮭親子和へ 巻春菊 とんぶり［冷］

柿膾［冷］

子持ち鮎甘露煮［温］

長方形の角皿に台となる丸い猪口を中央に配し、アケビとカボス釜でバランスをとりました。

アケビは種を抜いて器とし、クリの葉を添えた秋らしい盛りつけです。赤く色づいた中に緑の葉が交ざった紅葉の絵柄の器が十月の浅い秋を上手く表現してくれます。

錦紅葉絵長角皿

あけび味噌焼 牛肉 長芋 栗 [温]

アケビをくり抜いた器に、焼き目をつけた牛肉、クリ、ナガイモを盛り、玉味噌を添えて天火で焼き上げました。野趣に富んだ演出です。

アケビ
牛モモ肉、クリ、ナガイモ
田舎玉味噌（↓233頁）

❶ アケビは半分に割り、果肉を取り出して種を取る。
❷ 牛肉、クリ、ナガイモは軽く火を通して焼き目をつける。
❸ ❶のアケビをくり抜いた器に田舎玉味噌を流して、牛肉、クリ、ナガイモを盛り、天火でアケビの器ごと焼く。
❹ 上から❶で取り出したアケビの果肉を掛け、さっとあぶる。松葉を添える。

鮭親子和へ 巻春菊 とんぶり [冷]

遡上直前のサーモンは脂がのっていて美味。これをハラコでつくったイクラ醤油漬けで和えました。十月から旬を迎える生のトンブリを添えて。

生ザケ（さく取りしたもの）、塩、酢
イクラ醤油漬け（↓144頁生海胆イクラ和へ）
シュンギク、トンブリ

❶ シュンギクは葉をむしって熱湯でゆで、色止めのために冷水にとって水気を絞る。ラップを敷いた巻簾にシュンギクをそろえて並べ、細い棒状に巻いて形を整える。
❷ トンブリはさっと水で洗う。
❸ 生ザケは薄塩をあてて20分間おいたのち、水洗いして水気をふく。脱水シートに挟んで冷凍する。これを解凍し、酢洗いして角切りにする。
❹ サーモンを器に盛り、イクラ醤油漬けをかけ、食べやすく切ったシュンギクとトンブリを添える。

松茸寿し [常温]

マツタケの形がわかるように小粒を選び、食べやすい一口寿しを握りました。

マツタケ、煮汁（だし15：薄口醤油1：味醂1）
寿し飯（↓232頁）
三ツ葉

❶ マツタケを掃除して、水でさっと洗い、水気をふいてザルに並べてしばらくおき、ほどよく乾燥させる。煮汁を合わせてさっと煮る。
❷ 三ツ葉の軸を熱湯でゆでて冷水にとる。
❸ 寿し飯を一口大に握り、マツタケをのせて、軸三ツ葉で結わく。

柿膾［冷］

菊花の花びらのように縁を切ったカボス釜に柿なますを盛って、秋らしさを表現しました。カボスの香りも楽しんでいただけます。

大根、キュウリ、塩水（2％濃度）
なます酢（→233頁）
シメジタケ、吸い地（だし2.5：薄口醤油1）
柿
カボス釜

❶ 大根、キュウリは短冊に切って2％濃度の塩水に浸けてしんなりさせ、水気をきる。大根はなます酢に浸ける。
❷ シメジタケは3㎝長さに切って霜降りをし、吸い地でさっと煮含めておく。
❸ 柿を短冊に切る。大根、キュウリ、シメジタケ、柿をカボス釜に交互に盛りつけ、上からなます酢を掛ける。

子持ち鮎甘露煮［温］

落ちアユの卵が主役の甘露煮です。脂ののったイワシやサンマの甘露煮よりも味つけは薄めで。

子持ちアユ30尾、水（アユの5倍量）
ザラメ糖500g、醤油200cc、
たまり醤油100cc、水あめ60g

❶ 子持ちアユは両側に焼き目をつける。
❷ 鍋に❶のアユを並べて落とし蓋をし、その上に水を入れた寸胴鍋をのせて重石をする。アユの5倍量の水を注いで強火にかける。
❸ 沸騰したら中火にし、およそ5時間煮る。骨まで食べられるくらいまで柔らかく。
❹ 骨が柔らかくなったらザラメ糖を入れ、醤油を3回に分けて加えて煮詰めていく。一度に加えると味が入らないので分けるとよい。
❺ 仕上げにたまり醤油、水あめを加え、煮汁をかけながら煮詰める。
❻ 筒切りにして盛りつける。

錦絡み紋重ね長角前菜皿

十月［組肴］①

河豚煎餅 海胆焼［温］

牡蠣友禅漬［常温］

鯖菊花寿し［常温］

紅葉蓮根［温］

秋茄子小倉寄せ 花穂 海老［冷］

短冊を二枚重ねたような変形の器です。向こう側の短冊にはカキを、手前には角の鯖寿しと小倉寄せ、丸のレンコンとフグ煎餅を交互に一列に並べバランスをとりました。

河豚煎餅 海胆焼 ［温］

走りのフグを楽しむ酒肴。身が柔らかいときは、潰して煎餅にし、塩ウニの味で食べていただきます。

フグ（さく取りしたもの）、片栗粉
海胆衣（塩ウニ120g、卵黄2個分）

❶ フグを1枚10g程度のそぎ切りにして、片栗粉をまぶし、クッキングシートで挟む。ビンで叩いて薄くのばす。
❷ 海胆衣をつくる。塩ウニは裏漉しして、溶いた卵黄でのばす。
❸ ❶のフグを網焼きして、海胆衣を片面に塗って乾く程度にあぶり、衣を焼き固める。

鯖菊花寿し ［常温］

秋に脂がのって味がよくなるマサバ。サバは秋の季語でもあります。これを酢〆にして小袖寿しに。秋らしく寿し飯には黄菊の花を混ぜ込みました。

サバ、砂糖、塩、酢
寿し飯（寿し飯→232頁、黄菊、みじん切りのショウガ、煎りゴマ）
吉野酢（→233頁）

❶ サバは三枚におろす。カマ、腹骨をつけたまま、砂糖を全体にまぶして40分間おいたのち、水で洗って水気をふく。
❷ 塩を全体にまぶして60分間おいて水で洗う。最後に酢に15分間浸して裏返し、さらに15分間浸す。水気をふいて、カマ、腹骨をはずし、小骨を抜いて薄皮をむく。
❸ 寿し飯をつくる。黄菊は花びらをちぎって、酢を加えた熱湯でゆでて冷水にとり、水気を絞っておく。寿し飯に黄菊とショウガ、煎りゴマを混ぜる。
❹ 巻簾にラップを敷いて❷のサバを皮目を下に向けてのせ、❸の寿し飯をのせて手前から巻いていく。両端を整えて、輪ゴムで留めて1時間ほどおいてなじませる。
❺ 切り出して、吉野酢を掛ける。

牡蠣友禅漬 ［常温］

殻つきカキに赤、黄、緑の野菜を合わせ、多色な色彩が特徴の友禅の名をとった一品です。カキは蒸したてでふっくらとした身を提供したいので、仕込みおきしません。

カキ
パプリカ（赤、青、黄）
浸け地（ゴマ油1：サラダ油5：*酢4：醤油2：エゴマ3）

*穀物酢を煮きったもの。

❶ パプリカはそれぞれ5㎜角に切り、別にさっとゆでて冷水にとったのち、水気をきる。
❷ ボウルに醤油、酢、サラダ油、ゴマ油と煎ったエゴマを入れて混ぜ、カキを5分間ほど浸ける。
❸ カキは殻ごと蒸し器に入れ、殻が開くまで強火で蒸す。身を殻からはずし、水分をふき取る。提供時間に合わせて蒸すこと。
❹ カキの殻に❸のカキを盛り、パプリカを散らす。

紅葉蓮根［温］

紅葉に見立てたタラコと卵黄を湯煎にかけて練り、レンコンの穴に詰めて揚げました。辛子蓮根ならぬ紅葉蓮根です。

レンコン、酢
卵黄4個分、タラコ100g
天ぷら衣（↓232頁）、小麦粉、揚げ油

❶ レンコンは天地を落として皮をむき、酢を入れた熱湯で10分間ゆでて、おか上げにして水気を飛ばしておく。
❷ ボウルに溶いた卵黄を入れて湯煎にかけ、濃度がついてきたら冷まして、ほぐしたタラコと合わせる。
❸ ❶のレンコンの穴に❷を詰めて、1cm強の厚さに切り、小麦粉をまぶして天ぷら衣にくぐらせ、170℃の揚げ油で揚げる。
❹ 提供時は半分の厚さに切って、切り口が見えるようにする。

秋茄子小倉寄せ 花穂 海老［冷］

色鮮やかなナスとエビで飾った小豆入りの胡麻豆腐です。小豆を萩の葉に、花穂紫蘇を萩の花に見立てています。

ナス、揚げ油
胡麻豆腐地（白練りゴマ160g、豆乳800cc、だし400cc、水400cc、粉寒天6g、粉ゼラチン20g）
小豆（煮戻したもの↓80頁枝豆水無月）、才巻エビ（ボイル）
花穂紫蘇

❶ ナスは天地を落として縦半分に切り、170℃の揚げ油の中に皮目を下に向けて入れる。途中で一度返して、さっと果肉側を揚げ、冷水にとって手早く皮をむく。
❷ 胡麻豆腐地をつくる。鍋にだし、水、粉寒天を入れて火にかける。一煮立ちしたら、弱火にして2分間ほど練ったのち、戻しておいた粉ゼラチンを加えて溶かす。
❸ 別の鍋に豆乳を入れて60℃まで温め、❷と白練りゴマを入れて混ぜ合わせる。
❹ 流し缶に❶のナスを敷き詰めて❸を半量注いで冷やし固める。上に煮戻した小豆を散らし、残りの❸を流して冷やし固める。
❺ 流し缶から取り出して、一口大に切り出し、ナスを上に向け、エビ、小豆、花穂紫蘇を添える。

青白磁菊割皿

十月［前菜］②

昆布籠盛り 大黒湿地 銀杏［温］

太刀魚卵の花和へ［冷］

牛肉紅葉煮［常温］

栗白秋寄せ［冷］

渡り蟹磯辺巻［冷］

菊花を模った青磁皿に盛り込みました。シダの葉、赤く色づいた葉、松葉、萩の花の掻敷を上から下に流れるようにあしらって、秋らしさを表現しました。

丸皿なので、中に盛り込む酒肴は長方形にしてバランスをとり、手前と奥に丸を組み込んで安定させました。

昆布籠盛り 大黒湿地 銀杏 ［温］

「匂い松茸、味しめじ」といわれるように、大黒シメジは旨み成分の多いキノコです。醤油を掛けて焼き、ギンナンとともに昆布籠に盛り合わせました。

大黒シメジ、ショウガ醤油（醤油、おろしショウガ）
ギンナン、揚げ油、塩
昆布籠、揚げ油

❶ 大黒シメジは天火で焼いて8割ほど火が通ったら、ショウガ醤油を掛けて焼き上げる。
❷ ギンナンは殻と薄皮をむき、140℃の揚げ油で揚げて塩をふる。
❸ 昆布籠は180℃の揚げ油で揚げて、油をきる。
❹ 昆布籠に大黒シメジとギンナンを盛る。

牛肉紅葉煮 ［常温］

牛肉はゆっくり加熱し、余熱を利用して柔らかく火を入れるのがポイントです。ケチャップを使って「紅葉煮」としました。

牛モモ肉（ブロック）400〜500g×2本
煮汁（水・日本酒各500cc、砂糖120g、醤油60cc、ケチャップ60cc、たまり醤油20cc、長ネギの青い部分）
シシトウ、和辛子

❶ 牛肉は室温に戻す。フライパンを強火で熱し、牛肉の表面を焼きつける。全面が焼けたら熱湯にくぐらせて、表面の汚れ、余分な脂を取り除く。
❷ 鍋に水、日本酒、砂糖、醤油、長ネギの青い部分を入れて火にかけ、沸いたら火を弱めて❶の牛肉を入れる。
❸ 3分間煮たのち、取り出して温かいところに3分間おいて余熱で火を入れる。これを5〜6回くり返す。2〜3回くり返したら、途中でケチャップとたまり醤油を加える。
❹ 牛肉を指で軽く押して少しはね返ってくるくらい弾力が出てきたら、鍋から牛肉を取り出し、煮汁を煮詰める。
❺ 煮詰まった煮汁を肉にからめながら仕上げる。シシトウもこの煮汁にさっとからめる。
❻ 牛肉を切り出し、端を切りそろえたシシトウを添え、和辛子を少量のせる。

太刀魚卯の花和へ ［冷］

オカラは色が白いことから卯の花（ウツギの花の別称。五〜六月に開花する）といわれますが、卯の花は季節で呼び名が雪花菜と変わります。

タチウオ、塩、酢
卯の花和え衣（↓232頁）
シュンギク、ショウガ

❶ タチウオは三枚におろして塩をあて、20分間おいたのち、水で洗って水気をふく。
❷ タチウオを短冊に切りそろえ、酢にさっとくぐらせて余分な水気をふき、卯の花和え衣をまぶす。
❸ ゆでて食べやすく切ったシュンギクをラップを敷いた巻簾で巻いて筒状に切り出す。ショウガをイチョウの葉型で抜いて、薄切りにする。シュンギクとショウガをタチウオに添える。

栗白秋寄せ ［冷］

秋は色にたとえると白といわれます。そこで白いチーズで秋の食材を寄せました。萩の花のようなもって菊の紫色と黄菊の黄色が映えます。

クリ（クリ10粒、クチナシの実適量、だし8：薄口醤油0.5：味醂1）、クルミ（空煎り）100g、黄菊・もって菊各適量

チーズ地（クリームチーズ250g、薄口醤油大さじ0.5、粉ゼラチン10g）

❶ クリは鬼皮、渋皮をむいて鍋に入れ、たっぷりの水と米糠、色づけのためのクチナシの実を入れて火にかける。沸いたら弱火にして、串がすっと通るまでゆでる。

❷ クリを水にさらして、糠とクチナシのにおいを抜くために一度ゆでこぼす。鍋にだし、薄口醤油、味醂を合わせてクリを炊く。

❸ 黄菊、もって菊の花びらをむしって、酢を少量加えた熱湯でさっとゆでたのち、冷水にとって、しっかり水気を絞る。

❹ クリームチーズを温めて柔らかくし、戻した粉ゼラチン、薄口醤油をよく混ぜ、クリ、クルミ、黄菊、もって菊を混ぜ合わせる。流し缶に流して冷やし固め、角に切り出す。

渡り蟹磯辺巻 ［冷］

ワタリガニは九月に脱皮し、十月に食べ頃となります。旬を迎えたワタリガニとキュウリを薄焼き玉子と海苔で巻いて吉野酢を掛けました。

ワタリガニ

ショウガ、キュウリ、塩水（1.5％濃度）

薄焼き玉子（全卵5個、卵黄2個分、砂糖大さじ1.5、薄口醤油5cc）、サラダ油、海苔

吉野酢（↓233頁）

❶ ワタリガニは、蒸し器で20分間蒸して冷まし、身をほぐす。カニの大きさと数で蒸し時間を調整する。

❷ ショウガは繊切りにする。キュウリは桂むきにして、塩水に浸けてしんなりさせる。

❸ 薄焼き玉子を焼く。ボウルに材料を入れてすべて混ぜ合わせ、漉しておく。温めたフライパンに少量流して薄く焼く。

❹ 巻簾にラップを敷いて、❸を広げてキュウリを重ね、カニ、ショウガをのせて手前から巻く。

❺ 巻き上がったら周りを海苔で巻き、フライパンでころがして、焼き締めておく。

❻ 切り出して、切り口に吉野酢を掛ける。

十月［組肴］②

金彩三色市松段違い長角皿

秋刀魚有馬煮［温］

南京松風［常温］

赤貝錦繍寄せ 黄味酢掛［冷］

海老銀杏餅［温］

柚子釜 鮎白子潤香［冷］

段がついた市松の器に盛りました。浅い秋を表現するために、黄色い色合いのなかに葉つきの青柚子釜の緑色を入れています。

高い段に高いものを盛って、立体感を強調しました。対角線に角の松風と錦繍寄せを盛り、もう一方の対角線に丸の青柚子釜と秋刀魚を盛って、長い銀杏餅でバランスをとりました。

秋刀魚有馬煮 ［温］

一般的に実サンショウを使った煮物は「有馬煮」と呼ばれます。京都では「鞍馬煮」となりますが、ともにサンショウの名産地の地名がついています。

サンマ10尾、塩適量
煮汁（水100cc、日本酒400cc、砂糖160g、醤油30cc、味醂30cc、たまり醤油10cc、実山椒の醤油煮大さじ2）
*かもじ葱適量

*長ネギ（白い部分）を繊切りにし、水にさらして水気をきり、ふんわりと丸めたもの。

❶ サンマは頭を落とし、2cmの筒切り（内臓入り）にする。全体に薄塩をして20〜30分間おき、身をしめる。熱湯をかけて霜降りをし、氷水にとってザルに上げる。
❷ 鍋にサンマを並べてサンマの倍量の水と、水と同量の日本酒を注ぎ、落とし蓋をして強火にかける。沸騰したら、中火でことこと骨が柔らかくなるまで2〜3時間かけて炊く。
❸ 骨が柔らかくなったら砂糖を加えて5分間ほど煮る。砂糖が溶けたら、味が入るように醤油を3回に分けて加え、味醂を加えて煮詰めていく。
❹ 2割程度まで煮詰まったら、たまり醤油を加えてツヤを出し、煮汁を掛けながら煮詰める。仕上げに実山椒の醤油煮を加えて一煮立ちさせる。
❺ 温かいうちに盛りつけ、かもじネギを添える。

赤貝錦繍寄せ 黄味酢掛 ［冷］

アカガイと黄菊とシュンギクで、赤、黄色、緑にいろどられた秋の山々を表現しました。アカガイはさしずめ赤く紅葉したモミジといったところでしょうか。

アカガイ150g、黄菊30g、シュンギク10g
ゼラチン地（昆布だし250cc、塩適量、粉ゼラチン10g）
黄味酢（↓233頁）

❶ アカガイは細引きにする。黄菊は少量の酢（分量外）を加えた熱湯でゆでて、冷水にとって水気を絞る。シュンギクは葉をむしり、熱湯でゆでて、冷水にとって水気を絞る。
❷ ゼラチン地をつくる。鍋に昆布だしを入れて火にかけ、一煮立ちしたら、戻しておいた粉ゼラチンを入れて溶かし、冷まして塩で調味する。
❸ ❷にアカガイ、黄菊、刻んだシュンギクを混ぜ、流し缶に流して冷やし固める。
❹ 取り出して切り出し、黄味酢を添える。

南京松風 ［常温］

「松風」は、菓子名や料理名につく言葉で、うら寂しい海岸の松林にふく風にたとえられ、裏側に飾りがない料理につけます。本来ならば地味な色にするべきですが、ここでは遊び心で明るい色のカボチャで秋を表現しました。

●21cm角の流し缶1台分
カボチャ（小角切り）200g、小豆（煮戻したもの↓80頁枝豆水無月）100g
カボチャ地（カボチャ裏漉し600g、砂糖大さじ5、植物性生クリーム45cc、薄口醤油30cc、全卵4個）
卵白、ケシの実

❶ カボチャは皮をむいて種を取り除き、100g分を5mmの小角切りにする。残りは、蒸し器で蒸したのち、裏漉しする。
❷ カボチャ地をつくる。ボウルに材料をすべて合わせてよく混ぜる。
❸ ❷に小角切りのカボチャと小豆を加えて流し缶に流し、中火の蒸し器で25分間蒸す。
❹ 取り出して、表面に卵白を塗り、ケシの実を全体にかけて、卵白に火が通るまで、天火で焼く。取り出して切り出す。

海老銀杏餅［温］

エビの内側にもっちりした銀杏餅を塗りました。デンプン質のレンコンでもいいでしょう。子を抱いたようなエビの形から「子持ち」と名をつけて、結婚式で出すこともあります。

エビ20本
餅銀杏（ギンナンペースト50g、白玉粉50g、水20cc、塩適量）
小麦粉、天ぷら衣（↓232頁）、塩

❶ エビは頭をはずして背ワタを取り、塩水で洗って水気をふいて腹開きにする。
❷ 餅銀杏をつくる。ボウルに生のまま裏漉ししてペーストにしたギンナン、白玉粉、水を合わせてこね、塩で下味をつける。
❸ エビの内側に刷毛で小麦粉をまぶし、銀杏餅を挟む。
❹ 表面に小麦粉をまぶして天ぷら衣にくぐらせ、170℃の油で揚げて仕上げに塩をふる。

柚子釜 鮎白子潤香［冷］

アユの白子を使った塩辛、白ウルカは、塩分が強いので、ほどよく塩抜きをします。薄い塩水を使うと、塩がうまく抜けます。

白ウルカ（アユ白子の塩漬け）
三ツ葉
青ユズ

❶ 白ウルカは薄い塩水に2時間ほど浸けて、塩気を少し残して塩分を抜く。水気をふいておく。
❷ 青ユズはヘタの部分を落として中身をくり抜いて釜にする。
❸ ゆでた三ツ葉の軸を刻んでウルカと青ユズの絞り汁を合わせて、青ユズの釜に盛る。

十一月 霜月

いよいよ秋も深まって晩秋と呼ばれる季節となりました。深山を彩る木々も深く色づいています。
ほんのりと湯気が立つ、人肌程度のぬくもりがうれしい季節でもあります。
収穫の季節を迎え、豊穣に感謝する新嘗祭、また子どもの健やかな成長を感謝する七五三などの行事もあります。

焼〆炭渕切皿

十一月［前菜］①

無余子石垣寄せ　黄味ヨーグルト［冷］

蟹麩柚子田楽［温］

百合根イクラ掛［冷］

若黒豆炭和へ［冷］

牡蠣飯蒸し［温］

焼〆の器の色と料理の色合いがよく合っています。黒ゴマや昆布を使ったグレー色の料理を入れて十一月の深山のイメージを出しています。

イチョウの豆皿を台として、器がわりの落ち葉、丸や角に切り出した料理を中心にまとめて盛り合わせました。

無余子石垣寄せ 黄味ヨーグルト［冷］

十月から出回る新もののムカゴを黒ゴマで寄せました。白ゴマよりも黒ゴマのほうがコクがあり、色合いも晩秋に相応しいでしょう。

石垣寄せ（ムカゴ400g、だし・水各250cc、粉寒天10g、粉ゼラチン15g、豆乳500cc、黒練りゴマ100g、醤油・砂糖各30cc）
黄味ヨーグルト（卵黄5個分、酢15cc、砂糖大さじ2、薄口醤油5cc、ヨーグルト30cc）

❶ ムカゴはかたい部分を切り落として蒸す。
❷ 鍋にだし、水、粉寒天を入れて火にかけ、一煮立ちしたら弱火にして2分間ほど練る。ここに戻した粉ゼラチンを加えて溶かす。
❸ 別の鍋で豆乳を60℃まで温めて❷と混ぜ合わせる。60℃より高くなると、膜（湯葉）ができてしまう。これより低いと、❷を合わせたときにすぐに固まってしまうことがあるので、60℃を保つ。
❹ ボウルに黒練りゴマを入れ、❸を少しずつ加えて、醤油、砂糖で味を調える。ムカゴを混ぜ、流し缶に流して冷やし固める。
❺ 黄味ヨーグルトをつくる。ボウルに材料を合わせて湯煎にかけ、木ベラで練る。濃度がついてきたら火からはずし、冷まして漉す。
❻ 石垣寄せを切り出して、上に黄味ヨーグルトを添える。

蟹麩柚子田楽［温］

手づくりの生麩は、フードプロセッサーを使えば手軽にクリや小豆、エビ、ヨモギなどさまざまな味をつくることができます。

蟹麩（強力粉500g、塩小さじ0.5、30℃のぬるま湯400cc、片栗粉25g、白玉粉25g、砂糖大さじ1.5、ヤマトイモ50g、カニの身200g、塩1つまみ）
柚子味噌（白玉味噌→233頁、ユズ）

❶ 生麩をつくる。強力粉に塩、ぬるま湯を加えて練り、20℃くらいの室温に1時間ほどおく。これを水の中でもみ、水が白濁してきたらこの水を捨てる。水が澄むまで何度かくり返す。最後に残ったものがグルテン。
❷ フードプロセッサーに白玉粉、片栗粉、砂糖、塩を入れて撹拌して細かくしたら、ヤマトイモとグルテンを加えてさらに撹拌して混ぜる。最初に白玉粉を細かくしておかないと、ダマになる可能性がある。最後にカニの身を混ぜる。
❸ 巻簾の上にラップを敷き、❷を棒状にのばしてのせ、手前から巻いて輪ゴムで留める。
❹ 蒸し器に入れ、中火で約25分間蒸す。
❺ 巻簾をはずして切り出し、天火で温め、断面に柚子味噌を塗り、あぶって仕上げる。

百合根イクラ掛［冷］

ふっくら蒸し上げた真っ白なユリネに、朱色のイクラを掛けてすすめます。小さな粒のカプセルに入ったイクラはほどよい味で、ユリネの調味料になります。

ユリネ、塩
イクラ醤油漬け（→144頁生海胆イクラ和へ）
三ツ葉

❶ ユリネは一片ずつはがして、米の研ぎ汁でゆでてザルにとり、塩を少量ふる。
❷ 器にユリネを盛り、イクラ醤油漬けを掛ける。ゆでて3cmに切った軸三ツ葉を添える。

若黒豆炭和へ［冷］

昆布を真っ黒に焼いて、粉末状にすって和え衣に加えました。黒く色づけするために行なわれた昔の仕事ですが、昆布ならではのコクがあり、捨てたものではありません。煮物（炭煮）や寄せ物などにも利用できます。

若黒豆（エダマメ）、塩水（4％濃度）
炭和え衣（絹漉し豆腐300g、クルミ20g、薄口醤油5cc、砂糖大さじ2、昆布適量）

❶ 若黒豆はサヤごと塩水でゆでて冷水にとり、サヤをはずして薄皮をむく。
❷ 炭和え衣をつくる。絹漉し豆腐は水きりしておく。昆布は直火で真っ黒になるまで焼く。粗熱がとれたら、すり鉢で粉末状にする。
❸ クルミはフライパンで空煎りして、こうばしさを出す。すり鉢でペースト状になるまですり、❷の豆腐、薄口醤油、砂糖を加えてすり合わせて調味する。
❹ 仕上げに❷の昆布粉末（炭）を混ぜ合わせて黒く色づける。若黒豆を和え衣で和える。

牡蠣飯蒸し［温］

カキは加熱しすぎると持ち味を損ないます。煮汁をあらかじめ煮詰めておいて、さっと煮からめてください。ちなみにハマグリやホッキガイのワタにパン粉をつけて揚げると、カキフライと間違うほどカキに似た味になります。

カキ（むき身）、煮汁（醤油1：日本酒6：味醂6）
ショウガ、生海苔
もち米、塩

❶ もち米を蒸す。もち米は洗って一晩水に浸けたのち、ザルで水気をきる。
❷ サラシを敷いた蒸し器に入れて、強火で30分間蒸す。一旦ボウルにあけて、塩をふってなじませ、再び5分間蒸す。
❸ 牡蠣時雨煮をつくる。鍋にカキと煮汁を合わせて火にかけ、沸騰したらカキを取り出し、煮汁が煮詰まってとろみがついてきたらカキを入れてさっと煮からめる。最後に生海苔、繊切りのショウガを混ぜる。
❹ 物相で抜いたもち米の上に、カキをのせる。

焼〆炭正角皿

十一月［組肴］①

栗渋皮煮［冷］

牛肉南京巻［温］

北寄リンゴ膾［冷］

銀杏新挽揚　牛蒡木枯揚［温］

前菜は丸皿を使ったので、組肴は角皿にしてイメージを変えました。こちらも深い色のざらりとした風合いの焼〆です。
丸皿を二つつなげた眼鏡のような小皿に白いなますと、黒い渋皮煮を盛ってコントラストをつけました。

帆立 大黒湿地 三ツ葉 猩々緋和へ［冷］

栗渋皮煮［冷］

クリの渋皮煮を上手につくるコツは、調味前に柔らかく煮戻しておくこと。すっと串が通るまで充分に。よく火が通っていない渋皮煮はおいしさが半減します。

クリ1kg、大根おろし汁・水各1リットル、塩20g
重曹水溶液（水3リットル、重曹大さじ1）
煮汁（水1リットル、砂糖250g、黒砂糖250g、醤油10g）

❶ クリは鬼皮をむく。大根おろし汁に水と塩を合わせ、むいたクリを2〜3時間浸けてアクとえぐみを抜く。

❷ 水3リットルに対して大さじ1の重曹を加えた重曹水溶液を用意する。クリを鍋に入れ、たっぷりの水溶液で1時間ほどゆでる。しっかり柔らかく煮戻すこと。

❸ 水にさらして竹串で渋皮の表面の繊維やスジなどを取る。

❹ ❸のクリを鍋に入れ、水を注いで火にかける。沸いたらザルに上げて水分を飛ばす。ゆでこぼすと重曹のにおいが抜け、余分な水分を飛ばすことができるので、このあとつける味がぼけない。

❺ 水に砂糖を加え、❹のクリを入れて、紙蓋をして煮含めていく。*80〜90℃を保って30分間煮たのち、黒砂糖を加えて、弱火にしてさらに10分間煮る。煮上がりに風味づけの醤油をたらす。

*温度を保つのは煮くずれを防ぐためと、黒砂糖の苦みをださないようにするため。

北寄リンゴ膾［冷］

ホッキガイは北に寄ると書きます。まさにこの季節にぴったりの貝。リンゴの歯切れのよさと、甘みをホッキガイに合わせました。

ホッキガイ、塩水
リンゴ、キュウリ、塩水（1.5％濃度）
なます酢（↓233頁）
ユズ

❶ ホッキガイは殻からはずし、包丁で開いて中を掃除する。塩水でさっと洗い、熱湯にくぐらせて、赤く発色させたのち氷水にとって冷ます。水気をふいておく。

❷ リンゴは1㎝角に切り、塩水で軽く洗い、なます酢に浸ける。キュウリは1㎝角に切り、1.5％濃度の塩水に浸けてしんなりさせて適度に水分を抜く。

❸ ホッキガイを食べやすく切り、リンゴ、キュウリと合わせて盛り、刻んだユズ皮を加えたなます酢を掛ける。

牛肉南京巻［温］

注意すべきは牛肉を焼きすぎないことです。カボチャは味をつけずに蒸すのみ。牛肉にまとわせた甘辛い味だけで充分おいしくいただけます。

牛肉（薄切り）
カボチャ、小麦粉、サラダ油
煮汁（醤油2：日本酒3：味醂5）

❶ カボチャは皮をむいて、1.5cm角の棒状に切って、5分間ほど蒸しておく。
❷ カボチャを牛肉で巻いて小麦粉をまぶし、フライパンに薄くサラダ油をひいて焼く。
❸ 焼き目がつき始めたら、煮汁の調味料を入れ、煮立ったら肉を一旦取り出す。
❹ 残った煮汁を加熱し、泡が大きくなって煮詰まってきたら、牛肉を戻して煮からめる。
❺ 取り出して、適宜に切り分ける。

銀杏新挽揚　牛蒡木枯揚［温］

ギンナンは新挽粉をまぶして初雪をまとったように真っ白に揚げ、ゴボウは木枯らしで葉が散った樹木を表現しました。

●銀杏新挽揚

ギンナン、小麦粉、卵白、新挽粉、揚げ油

❶ ギンナンは殻を割って薄皮をむく。小麦粉をまぶし、布漉しした卵白にくぐらせて、新挽粉をつける。
❷ 160℃の油で色づけないように揚げる。

●牛蒡木枯揚

ゴボウ、おろしショウガ、タレ（醤油3：日本酒1）、片栗粉、揚げ油

❶ ゴボウは4cm長さに切り、縦に4等分に割る。味がしみやすいように麺棒などで叩いて繊維を潰す。
❷ タレを合わせ、おろしショウガを混ぜて、❶のゴボウをよくもみ込む。汁気をきり、片栗粉をまぶし、170℃の揚げ油で揚げる。

帆立 大黒湿地 三ツ葉 猩々緋和へ［冷］

猩々緋《しょうじょうひ》とは、黒みをおびた赤色のことです。転じて赤く仕上げる料理につける言葉です。ここではタラコを使いました。紅葉和へとしてもいいでしょう。

ホタテガイ
大黒シメジ、吸い地（だし、薄口醤油、日本酒）
三ツ葉
和え衣（タラコ、卵黄）

❶ ホタテガイは殻から取り出し、ワタやヒモをはずして、かたいホシと呼ばれる部分を除いて、手で4つに割る。
❷ 60℃の湯で30秒間程度ゆでて冷水にとり、水気をふいておく。たんぱく質は60℃くらいから凝固が始まるため、これ以上温度が高いとかたくなってしまう。
❸ 大黒シメジは石突きを取り、70℃くらいの吸い地で煮含める。70℃以上になると苦みが出てしまうので注意する。
❹ 和え衣をつくる。卵黄を湯煎にかけて練り、とろっと濃度がついてきたら冷まし、ほぐしたタラコを混ぜ合わせる。
❺ ホタテガイと大黒シメジを和え衣でからめる。上にゆでた三ツ葉を添える。

十一月 ［前菜］②

酒盗豆腐［冷］

帆立柿酢掛［冷］

百合根最中［温］

鮭蕪市松［冷］

栗飯蒸し［温］

両側が持ち上がっている器なので、間に杉板を渡して3品盛りました。この高低差を生かして手前に2品盛っています。渡した板は白木で秋らしい温かみがあります。

菊花に見立てた鮭蕪市松、イチョウ型の物相で抜いてクリをのせた飯蒸し、食べ頃を迎えた酒盗を混ぜた酒盗豆腐といった、秋づくしの前菜です。

鼠志野風両上り皿

酒盗豆腐［冷］

春から仕込んだ酒盗がおいしくなる季節です。酒盗の塩加減が決め手となります。ほどよく塩気を残してください。

酒盗豆腐（酒盗120g、だし・水各450cc、粉寒天8g、粉ゼラチン20g、豆乳900cc）
酒盗餡（酒盗大さじ5、全卵5個、水150cc）
ゴボウ、だし
ツルムラサキの芽

❶ 酒盗豆腐をつくる。酒盗は薄い塩水に浸けて5分間ほどおき、塩気をほどよく残して塩抜きし、ザルに上げて水気をきる。
❷ 鍋にだし、水、粉寒天を入れて火にかける。一煮立ちしたら、弱火にして2分間ほど練ったのち、戻した粉ゼラチンを溶かす。
❸ 別の鍋に豆乳と❶の酒盗を入れて60℃まで温め、❷を加えて混ぜ合わせる。
❹ 流し缶に流し入れて、冷やし固める。
❺ 酒盗餡をつくる。酒盗は❶の要領で塩抜きし、ザルに上げて水気をきる。ボウルに酒盗と全卵を入れて溶きほぐし、湯煎にかける。とろみがついてくるまで泡立て器で混ぜ、火からはずして冷ます。冷めたら水適量でのばす。
❻ ゴボウは5cm長さに切り、米糠を入れた湯でゆでる。柔らかくなったら米糠を洗い落とし、串で芯を抜いてゆでこぼし、糠くささを抜く。これを吸い地加減のだしで煮含める。
❼ ツルムラサキの芽は3cmに切り、熱湯でゆでて色だしして冷水にとり、水気をきる。
❽ 酒盗豆腐を切り出して、酒盗餡を掛ける。❻の管ゴボウを斜め半分に切って、ツルムラサキの芽とともに添える。

帆立柿酢掛［冷］

走りのホタテガイに、甘さののった旬の柿のすりおろしを松前酢でのばして掛けました。甘酸っぱい柿酢がホタテガイを引き立てます。

ホタテガイ
柿酢（柿1：松前酢1→233頁）
シュンギク

❶ ホタテガイは殻をはずして貝柱を取り出し、塩水で洗って水気をふく。手で縦に裂いて、65℃の湯（たんぱく質が変性し始める温度）にくぐらせ、完全に火が通ったら、冷水にとって冷まし、水気をふく。
❷ 柿は皮をむき、ヘタと種を除いて一口大に切り、フードプロセッサーでペースト状にする。
❸ シュンギクは葉をむしり、熱湯でゆでて冷水にとり、水気を絞ってざく切りにする。ラップフィルムを敷いた巻簾の上にのせて、棒状に巻いて輪ゴムで留めて締める。巻簾をはずし、3cmに切ってラップをはずす。
❹ ホタテガイを器に盛り、❷の柿1に対して松前酢1を混ぜ合わせて掛け、シュンギクを添える。

百合根最中［温］

晩秋はほくほくした食感がおいしく感じられる季節です。ばらしたユリネにウニをのせ、天ぷら衣をつけて揚げています。

ユリネ
塩ウニ
小麦粉、天ぷら衣（↓232頁）、揚げ油

❶ ユリネは掃除をして、1枚ずつはがす。2枚のユリネで最中のように中に塩ウニを入れて挟む。
❷ 小麦粉をまぶし、薄めの天ぷら衣をつけて、170℃の油で揚げる。ユリネに火が通ったら取り出して、油をきる。

鮭蕪市松［冷］

色合いが美しい前菜です。秋の菊花をイメージしました。市松模様のように赤のサーモンと白のカブを交互にまとめ、海苔の黒色がアクセントです。

スモークサーモン
聖護院カブ、塩水（1.5％濃度）、なます酢（↓233頁）
卵液（全卵5個、卵黄1個分、薄口醤油小さじ1.5、砂糖大さじ1）、サラダ油
海苔

❶ 聖護院カブは葉を切り、皮をむいて1㎝角×長さ6㎝の棒状に切る。塩水に2時間浸け、しんなりしたら水気をきる。
❷ ❶をなます酢に浸ける。1時間ほど仮漬けしたら、水気をきって、新しいなます酢に2時間浸ける（本漬け）。
❸ 薄焼き玉子をつくる。ボウルに卵液の材料を入れて混ぜ、漉しておく。玉子焼き鍋を熱し、薄くサラダ油をひいて、卵液を少量流して焼く。火が通ったら裏返してさっと焼く。
❹ スモークサーモンは皮を引いて、❷のカブと同じ大きさに切る。
❺ ❷のカブと❹のサーモンを交互に並べて、薄焼き玉子で巻き、さらに海苔で巻いてフライパンで転がして焼く。小口から切り出す。

栗飯蒸し［温］

イチョウに見立てておこわを型抜きし、砕いたクリをのせて黄色く化粧をしました。最初に少しお腹を満たすためのおしのぎです。

クリ、ミョウバン水
水1リットル、米糠50g、クチナシ2〜3個
煮汁（だし8：味醂1：薄口醤油0.5）
おこわ（もち米、塩水）

❶ クリは鬼皮、渋皮をむいて、ミョウバン水に10分間浸けたのち、水洗いする。鍋に水、米糠、クチナシの実（2、3等分に切る）を入れて、クリをゆでる。
❷ 柔らかくなったら湯で洗い、蒸し器で蒸す。煮汁を合わせてクリを10分間ほど煮含める。このまま冷まし、小角に切る。
❸ もち米は洗って一晩水に浸けたのち、水をきってサラシで包み、蒸し器で蒸す。30分間たったら取り出して塩水をふり、再び5分間蒸す。
❹ おこわをイチョウの型で抜き、❷のクリをのせる。

織部線彫長角皿

十一月［組肴］②

海老糝薯 銀杏餡掛［温］

牡蠣松風［温］

落葉の上に揚げた飛龍頭を盛って台とし、これを基点に角形の牡蠣松風を、右隣に昆布籠を盛り、猪口、クルミを盛りました。丸と角でバランスをとっています。

慈姑飛龍頭 柚子味噌掛［温］

昆布籠盛り 蓮根煎餅 干子衣揚［温］

胡桃飴煮［温］

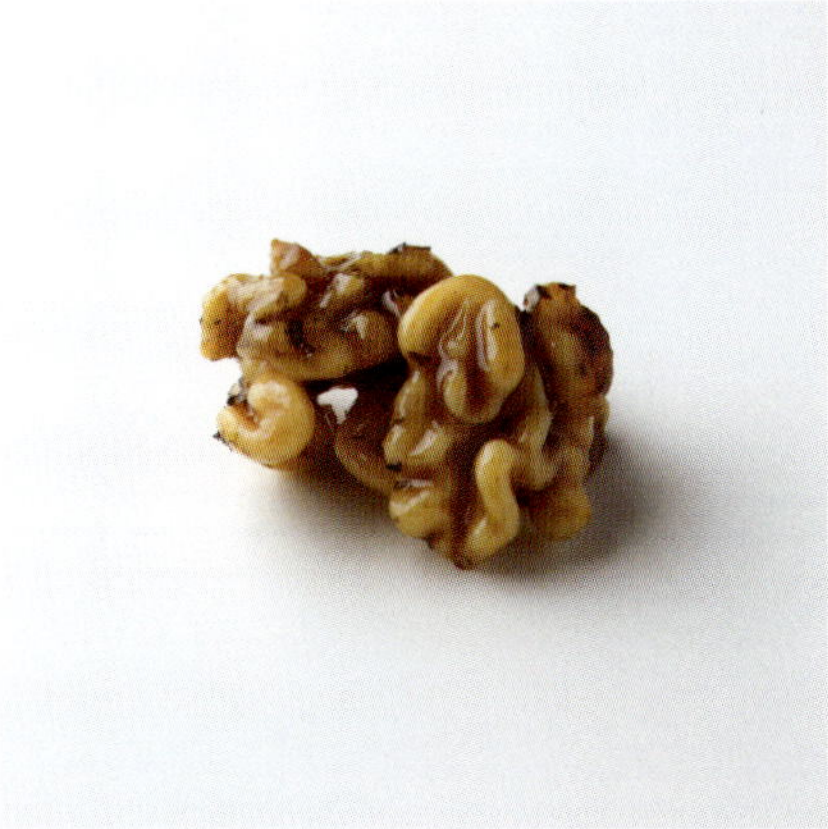

海老糝薯 銀杏餡掛［温］

小さな器を使って、色と形に変化をつけます。すり身にはすりおろしたヤマトイモを加えているので、ふんわり柔らかな仕上がりです。

海老糝薯（エビ300g、玉ネギ1/3個、すり身150g、ヤマトイモ15g、水100cc、薄口醤油10cc）
銀杏餡（ギンナン1：だし4、薄口醤油適量）

❶ エビは殻をむいて背ワタを抜き、塩水で洗って水気をふく。包丁で細かめに叩く。
❷ 玉ネギはみじん切りにして、霜降りする。
❸ すり身をすり鉢ですり、❶のエビを加えてさらにする。❷の玉ネギ、すりおろしたヤマトイモ、水、薄口醤油を混ぜ合わせて、猪口に注いで蒸す。
❹ 銀杏餡をつくる。ギンナンは殻をはずして薄皮をむき、生のまま裏漉しする。
❺ 鍋に裏漉ししたギンナンとだしを合わせて火にかける。とろみがついてきたら、薄口醤油で味を調えて❸の上に流す。

牡蠣松風［温］

鶏のかわりにカキを使った松風です。カキと相性のよい生海苔を混ぜました。香りをたてたいので温かくして提供してください。

松風地（カキ300g、すり身400g、卵白1個分、生海苔50g、小麦粉20g、薄口醤油10cc、ショウガ絞り汁30cc）
ケシの実、卵白

❶ カキは殻をはずし、塩水でさっと洗う。水気をふいて、フードプロセッサーでペーストにする。
❷ すり身をすり鉢に入れてすり、❶のカキ、卵白を加えてすり混ぜる。混ざったら、小麦粉、薄口醤油、ショウガの絞り汁、生海苔を加えてよくすり合わせる。
❸ 流し缶に流して、中火の蒸し器で約25分間蒸す。
❹ 火が入ったら取り出して、表面に卵白を塗ってケシの実を敷き詰め、卵白が固まってケシの実がこうばしく焼け、中まで熱くなるまで天火で焼く。
❺ 流し缶から取り出して、角に切り、温めて提供する。

慈姑飛龍頭 柚子味噌掛［温］

飛龍頭は煮含めることが多いのですが、酒肴なのでこうばしい揚げたてをすすめます。ユズの香りの味噌を添えて。

飛龍頭（クワイ300g、木綿豆腐800g、ヤマトイモ150g、全卵3個、小麦粉大さじ3、砂糖大さじ2、薄口醤油75cc、キクラゲ100g、ニンジン70g、だし適量）、揚げ油
柚子味噌（赤玉味噌→234頁、ユズ）

❶ 飛龍頭をつくる。木綿豆腐はフキンに包んで重石をし、水気をしっかりきって裏漉しする。キクラゲは水で戻して繊切りに、ニンジンも繊切りにして霜降りをし、吸い地加減のだしで煮含める。
❷ 豆腐をすり鉢ですり、皮をむいたクワイとヤマトイモをすり合わせ、卵、小麦粉、砂糖、薄口醤油を加えてすり混ぜる。最後にキクラゲとニンジンをさっくりと混ぜる。
❸ 油を塗った手で❷を少量取って丸め、130℃の揚げ油で揚げる。水分が抜けて浮き上がったら取り出して油をきる。
❹ 柚子味噌をつくる。赤玉味噌とすりおろしたユズの表皮を混ぜておく。
❺ 飛龍頭に柚子味噌を添える。

昆布籠盛り 蓮根煎餅 干子衣揚 [温]

酒肴として、手でつまめるように仕上げました。酒に合う珍味のホシコとレンコンを揚げて昆布の籠に盛り込みます。ホシコはナマコの卵巣を重ねて干したもので、形が三味線のバチに似ているのでバチコともいいます。

レンコン
ホシコ(バチコ)、小麦粉、天ぷら衣(↓232頁)
昆布籠
揚げ油、塩

❶ レンコンは3〜4㎜厚さの輪切りにする。褐変を防ぎ、適度にデンプン質を抜くために水に放ち、ザルに上げて少し乾かす。
❷ 揚げ油を150〜160℃に熱し、❶を弱火で揚げる。何度か返し、気泡がほとんど出なくなったら取り出して、油をきって塩をふる。
❸ 昆布籠は180〜190℃の揚げ油に入れ、パチパチと音がして昆布が膨らんできたら取り出して、油をきる。
❹ ホシコは手で裂いて小麦粉をまぶし、天ぷら衣にくぐらせて170℃の油で揚げる。油をきってレンコンとともに昆布籠に盛る。

胡桃飴煮 [温]

クルミにあめ掛けし、青海苔をからませました。クルミは乾燥すれば通年使える素材ですが、秋の収穫時期ならではの一品です。青海苔で味に変化をつけました。

クルミ80g、煮汁(日本酒100cc、醤油25cc、砂糖50g、味醂50cc、たまり醤油適量)
青海苔

❶ クルミは殻をはずして薄皮をむき、フライパンで空煎りする。こうばしい香りがたったら取り出す。
❷ 鍋に煮汁の調味料を合わせて火にかける。一煮立ちしたら中火にして、泡が大きくなるまで煮詰める。
❸ ❷に❶のクルミと青海苔を加えてからめる。

冬
十二月 師走
一月 睦月
二月 如月

冬の歳時記

十二月　師走　しわす

行事●事始め（正月の準備を始める日）、柚子湯、クリスマス、忘年会、煤払《すすはら》い、大掃除、餅つき、大晦日、年越し蕎麦、除夜の鐘

二十四節気●大雪《たいせつ》、冬至

自然●仲冬《ちゅうとう》、小春日和、山眠る

挿敷●いちょう、山茶花、千両、椿、南天、柊《ひいらぎ》、ひば、朴葉、松葉、紅葉

野菜●苺、海老芋、カリフラワー、金時人参、金柑、銀杏、銀杏薯、慈姑、牛蒡、芹、萵苣薹《ちしゃとう》、葱、白菜、蜜柑、柚子、百合根、りんご

魚介●鮟肝、烏賊、イクラ、伊勢海老、うるめ鰯、牡蠣、からすみ、喜知次《きちじ》、金目鯛、鮭、すっぽん、ずわい蟹、せいこ蟹、鱈、鱈場蟹、海鼠《なまこ》、河豚《ふぐ》、鰤、帆立貝、鮪、むつ、諸子

菓子、他●クリスマスケーキ、善哉《ぜんざい》、汁粉、薄氷《はくひょう》

一月　睦月　むつき

行事●正月、初詣、初日の出、初夢、人日《じんじつ》（七草）、年賀状、春の七草、鏡開き、初荷、書初め、御用始め、新年会、成人の日、小正月、どんど焼き、初釜、寒中見舞い、冬土用

二十四節気●小寒《しょうかん》、大寒《だいかん》

自然●晩冬、冬将軍、短日、雨雪、雨氷《うひょう》、御降《おくだ》り、富正月、富下り、寒九《かんく》の雨、寒の雨、北しぶき、山茶花ちらし、凍雨《とうう》、氷雨、霜、霜柱、霧氷、樹氷、冬枯

柚子

松葉ガニ

門松

れ、冬日、真冬日、寒波、豪雪、雪間《ゆきま》

掻敷●裏白、金紙、山茶花、四方紅、松竹梅、千両、南天、芽甘草、柳、ゆずり葉

野菜●浅草海苔、おぼろ昆布、金時（京）人参、栗、黒豆、慈姑、小松菜、聖護院大根、大根、萵苣薹《ちしゃとう》、菜の花、蕗の薹、ブロッコリー、百合根、よもぎ、若芽

魚介●甘鯛、海老、牡蠣、数の子、寒鯉、寒鰈、寒蜆、寒鰤、九絵《くえ》、このわた、ごまめ、子持昆布、白魚、ずわい蟹、鯛、鱈、鱈の白子、鱈場蟹、床節、海鼠、平目、河豚、河豚の白子、ほっけ、干子、公魚

菓子、他●小豆粥、鏡餅、切山椒、花びら餅、熨斗梅、鶴の子

二月　如月　きさらぎ

行事●初午《はつうま》、節分、豆まき、恵方巻き、バレンタイン、入試、針供養、紀元節

二十四節気●立春、雨水《うすい》

自然●初春、霰《あられ》、ダイヤモンドダスト、氷霧、霜夜《しもよ》、雪間、雪解け、余寒、寒《かん》明《あけ》の雨、三寒四温、東風《こち》、鶯

掻敷●梅、山茶花、しだ、椿、菜の花、猫柳、南天、柊、ひば、冬苺の葉、蜜柑の枝

野菜●青海苔、えんどう豆、柑橘類（金柑、温州みかん、伊予柑、八朔柑）、蕪、雪花菜、春菊、芹、大根、菜の花、海苔、蕗の薹、プチヴェール、ほうれん草、干柿、水菜、三ツ葉、芽キャベツ、百合根、分葱《わけぎ》

魚介●鮟鱇、鮟肝、烏賊、鰯、金子、車海老、鯉、針魚、鰆、白魚、平貝、鱈子、蛤、河豚、帆立貝、公魚

菓子、他●鶯餅、紅白梅、夜の梅、梅が香、葛湯

氷

蕗の薹

紅梅

正月の掻敷

裏白

稲穂

南天

松竹梅

ゆずり葉

紅葉と桜

同時に愛でるのは珍しい。珍しいことはおめでたいこととされている。

金、銀、四方紅《しほうべに》

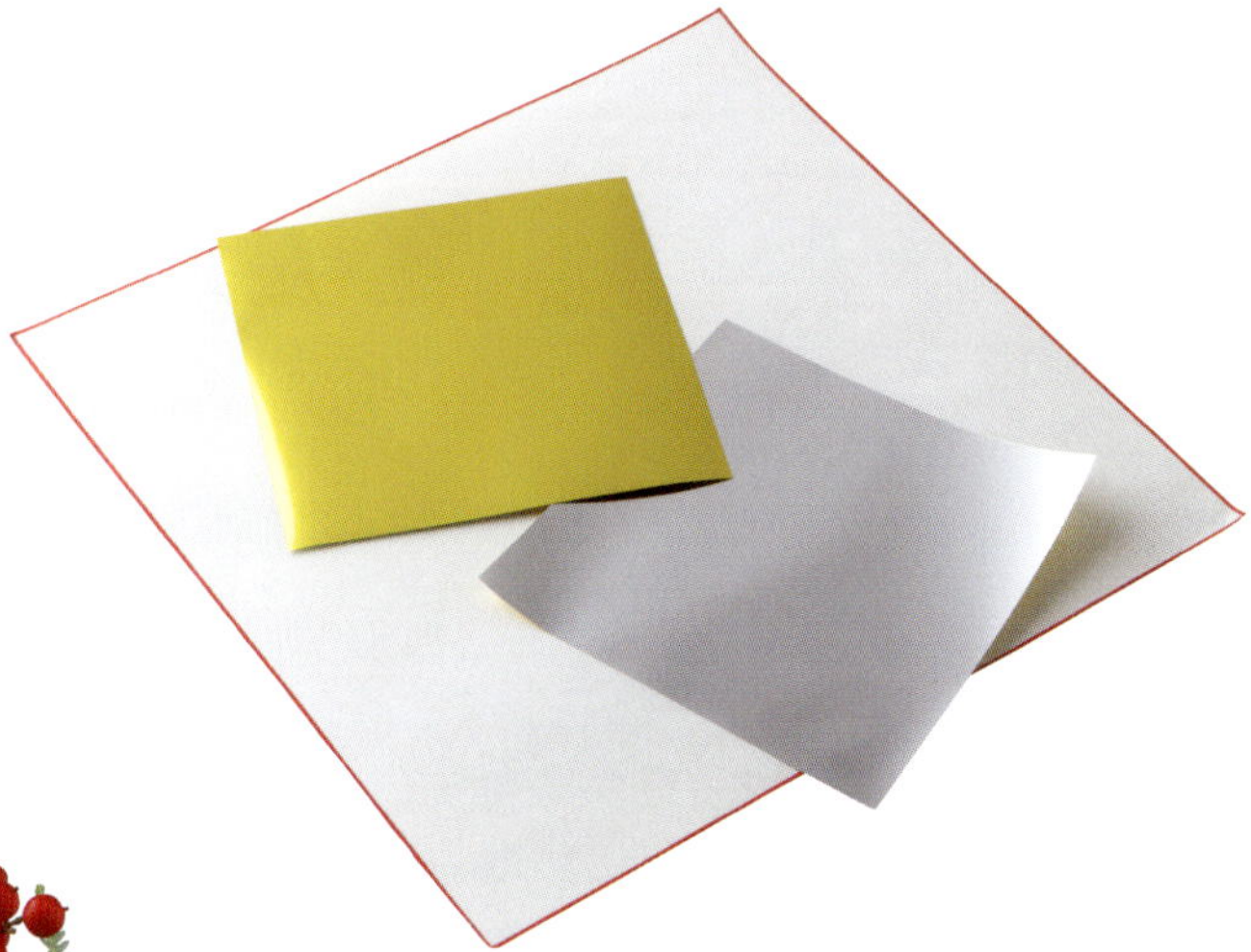

柚子に裏白、ゆずり葉、南天

十二月 師走

上旬はまだわずかに秋の名残を感じるものの、まだなれぬ寒さが身にこたえ、コクのあるものや温かい一口が恋しくなる季節でもあります。

中旬からは寒さも本格的になってきます。クリスマスや忘年会の季節でもあるので、ワインや日本酒など多様な酒に合うような調味をし、牛肉などを使ってみました。

十二月から分とく山では、先付に温かい小鍋を出して、まず暖まっていただいています。前菜や組肴にも温かい料理が増えてきます。

十二月［前菜］①

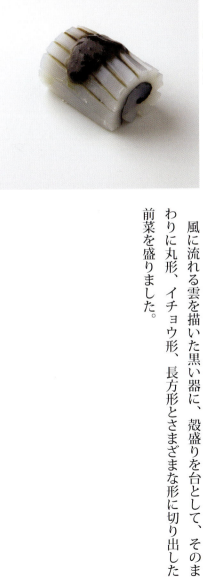

黒織部風雲型向付

殻盛り 赤貝雪花菜和へ 萵苣薹 柚子黄味酢［冷］

糸目烏賊 墨腸掛［冷］

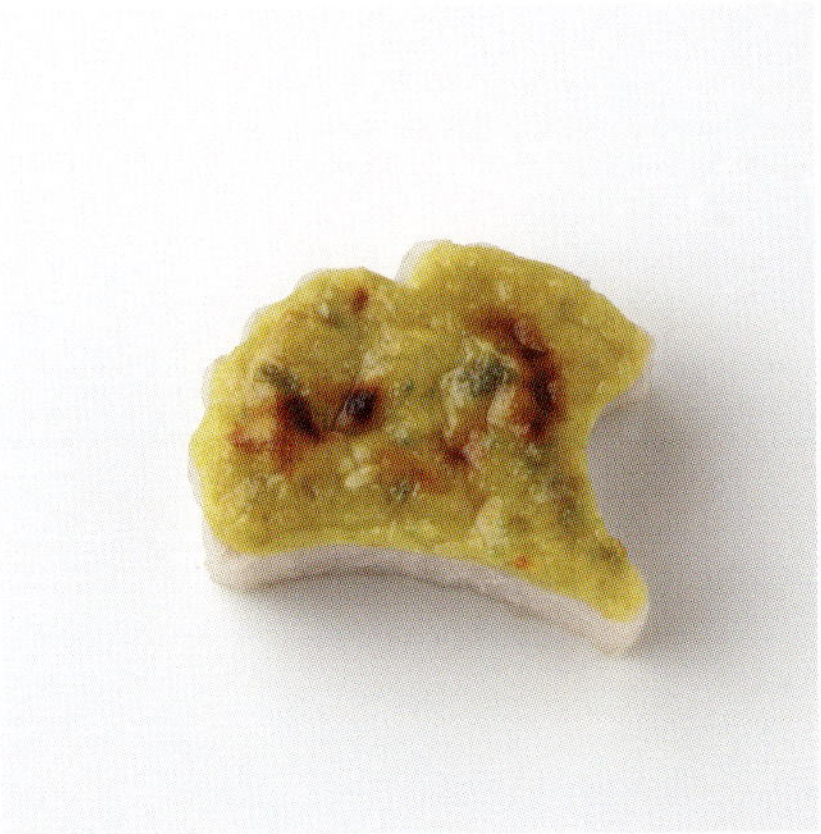

海老芋蟹味噌田楽［温］

鮟肝生姜煮［温］

生唐寿美 酥あぶり［温］

風に流れる雲を描いた黒い器に、殻盛りを台として、そのまわりに丸形、イチョウ形、長方形とさまざまな形に切り出した前菜を盛りました。

殻盛り　赤貝雪花菜和へ　萵苣薹　柚子黄味酢　［冷］

この季節には、おからは「卯の花」から「雪花菜（きらず）」に呼び名を変えます。鮮やかなアカガイにまぶした雪花菜は、赤く色づいた紅葉に積もった初雪といったところでしょうか。

アカガイ、塩水
チシャトウ
雪花菜和え衣（↓232頁）
柚子黄味酢（卵黄6個分、砂糖大さじ2、酢30cc、薄口醤油10cc、ユズの皮適量）

❶ アカガイは掃除して塩水で洗い、水気をふいて鹿の子に包丁目を入れる。鮮度のよい活けのものは、包丁を入れるだけで身が縮む。
❷ チシャトウは3cm長さに切って皮をむき、ゆでて冷水にとって水気をふく。
❸ 柚子黄味酢をつくる。卵黄、砂糖、酢、薄口醤油を合わせて湯煎にかけ、とろみがつくまで泡立て器で練って冷ます。これを漉してユズの皮をすりおろして加える。
❹ 貝殻に雪花菜をまぶしたアカガイを盛り、チシャトウを添え、柚子黄味酢を掛ける。

糸目烏賊　墨腸掛　［冷］

細かく切り目を入れたイカの飾り切りは「糸目」と呼びます。海苔を重ねて巻き、ワタとイカスミを裏漉しして掛けました。

ヤリイカ1杯、海苔適量
イカのワタとスミ50g、醤油30cc、味醂20cc

❶ イカはワタを抜き、エンペラをはずして開き、ともに表裏の皮をむく。50℃くらいの湯の中で、ゆっくり火を入れ、冷水にとって水気をふく。
❷ 表面に縦に細かく包丁目を入れ、内側に海苔を貼りつけて巻く。
❸ イカのワタとスミ（合計50g）を裏漉しして鍋に入れ、醤油、味醂を加えて弱火で練って冷ます。
❹ イカを切り分け、❸を掛ける。

海老芋蟹味噌田楽　［温］

十二月に旬を迎えるエビイモ。ほっくりとゆでてカニ味噌を掛け、こうばしく焼いた温かい前菜です。

エビイモ
煮汁（だし20：薄口醤油1：日本酒1：味醂0.5）
カニ味噌田楽（白玉味噌50g↓233頁、カニ味噌10g）

❶ エビイモは洗って皮をむき、1.5cm厚さの輪切りにしてイチョウ型で抜く。米糠を入れた水に入れて火にかけ、柔らかくなるまでゆでる。くずさないように火加減に注意。
❷ ❶の糠を洗って再度ゆでこぼし、煮汁の材料を合わせてさっと煮含める。
❸ カニ味噌田楽をつくる。白玉味噌にカニ味噌を混ぜ合わせる。❷のエビイモの上にのせ、天火で焼く。

鮟肝生姜煮［温］

アンキモは温めずに出すことが多いのですが、この季節には温めるといいでしょう。フォアグラ風に甘辛く味をからめました。

アンキモ、塩水（1.5％濃度）
煮汁（日本酒3：味醂5：醤油1：たまり醤油0.1）
ショウガ（繊切り）適量

❶ アンキモはスジと血管を包丁でそぎ取り、塩水に20～30分間浸けて血を抜くと同時に下味をつける。アンキモを取り出して指で軽く押し出して血を抜き、水気をふき取る。
❷ 巻簾にラップフィルムを敷いて、❶のアンキモをのせて棒状に巻いて輪ゴムで留め、蒸し器で20分間蒸して冷ます。
❸ ❷を切り出して鍋に並べ、煮汁の材料を合わせて火にかけ、煮からめる。

生唐寿美 酥あぶり［温］

生カラスミは発酵していない状態なので、旨みは凝縮されていませんが、ふんわりソフトに食べやすく仕上がっています。旨みをおぎなうために、チーズと卵黄を少し添えました。

ボラの卵巣、塩水（1.5％濃度）、塩
スライスチーズ適量
卵黄適量

❶ ボラの卵巣は塩水に30分間ほど浸けて血をしごき出し、強塩をあてておく。
❷ 約4～5時間おいたら、水洗いし、脱水シートで挟み、冷蔵庫で2時間ほどおく。
❸ ボラの卵巣を切り出す。天火で両面をあぶって、スライスチーズを丸く抜いてのせ、溶いた卵黄を塗って、あぶる程度に焼く。

李朝釉三ツ足菊彫六・五寸皿

十二月［組肴］①

帆立アボカド巻［冷］

牡蠣伊達巻［常温］

牛肉味噌煮［常温］

寄せ銀杏 イクラ掛［温］

海老柴揚［温］

金色の玉のついた白い猪口を台として、その手前に伊達巻を立てて盛り、周りにエビ、牛肉、ホタテガイを配しました。エビは高さを出すために猪口に立てかけます。

帆立アボカド巻 ［冷］

ホタテガイは薄塩をあてて甘みを引き立てると、アボカドとの相性のよさがぐっと増します。

ホタテガイ、塩　スダチ絞り汁
アボカド
磯の雪（すき昆布）

❶ ホタテガイは殻をはずし、キモを取り除く。側面についているホシを除き、横から包丁を入れて薄く開く。
❷ 薄塩をあてて20分間おき、水で洗って水気をふき、スダチの絞り汁に2分間浸けて汁気をきる。
❸ アボカドはくし形に切り、ホタテガイで包んで磯の雪で巻く。

牡蠣伊達巻 ［常温］

フードプロセッサーにかけたカキは、伊達巻に欠かせない魚のすり身の代わりです。カキと青海苔の香りがとても合う一品です。

卵液（カキ200g、全卵6個、小麦粉大さじ4、砂糖10g、薄口醤油10cc、生海苔80g）
サラダ油適量

❶ 卵液を合わせる。カキ、卵、小麦粉、砂糖、薄口醤油をフードプロセッサーにかけたのち、生海苔を合わせる。
❷ 玉子焼き器を熱して、サラダ油を薄く塗り、❶の卵液を流し入れる。アルミホイルをかぶせて弱火で焼く。途中天地を返して両面を焼く。
❸ 巻簾に取り出し、手前から巻いて輪ゴムで結わいて留める。
❹ 形が落ち着いたら、切り出して器に盛る。

牛肉味噌煮 ［常温］

和風ローストビーフです。寒い季節には、こってりした味の濃い味噌ダレが合います。肉に火を入れすぎないように注意してください。

牛モモ肉（ブロック）300g、塩・サラダ油各適量
煮汁（赤味噌60g、水150cc、砂糖20g）
とろろ昆布5g
セリ適量

❶ 牛モモ肉は常温に戻しておく。肉の表面に塩をふる。フライパンにサラダ油を薄くひき、強火で牛肉の表面に焼き目をつける。熱湯にくぐらせて余分な塩分と脂などを落とす。
❷ 鍋に煮汁の材料を合わせて強火にかける。沸いたら火を弱め、❶の牛肉を入れて2分間煮て火を止める。そのまま鍋ごと冷ます。冷めるまでの間に何度か牛肉の天地を返す。
❸ とろろ昆布はフライパンに入れて弱火にかけ、ほぐして粉末状にする。
❹ ❷の牛肉が常温程度まで冷めたら、肉を取り出す。残った煮汁に❸のとろろ昆布を入れて混ぜ合わせて味噌ダレとする。
❺ 牛肉を切り出し、ゆでて3cm長さに切ったセリを添える。❹の味噌ダレを掛ける。

寄せ銀杏 イクラ掛 ［温］

ギンナンは、殻と甘皮をむいて、生のまま潰すと、ねっとりした状態になります。

*ギンナンペースト120g、だし600cc、塩、薄口醤油
イクラ醤油漬け（↓144頁生海胆イクラ和へ）

*生のギンナンの殻と薄皮をむき、裏漉しする。

❶ 鍋にギンナンペーストとだしを入れて、絶えず練りながら中火にかける。火が通って、ギンナンが固まってきたら、塩と薄口醤油で調味し、ラップフィルムで茶巾に絞る。輪ゴムで留める。
❷ ❶を熱湯に入れて温め、器に盛ってイクラ醤油漬けを掛ける。

海老柴揚 ［温］

天ぷら衣にくぐらせずに揚げてもよいのですが、形をくずさないよう、ここでは衣をつけて揚げてみました。

エビ、ゴボウ、小麦粉
三ツ葉
天ぷら衣（↓232頁）、揚げ油、塩

❶ エビは頭を落とし、殻をむいて背ワタを取り除く。ゴボウは4cm長さの繊切りにする。
❷ エビに小麦粉をまぶし、周りを繊切りのゴボウで巻いて、ゆでた三ツ葉で結わく。
❸ ❷を天ぷら衣にくぐらせて、170℃の揚げ油で揚げて塩をふる。
❹ 食べやすく切って供する。

黄交趾渕唐草彫長角皿

十二月［前菜］②

精子蟹［冷］

すっぽん旨煮［温］

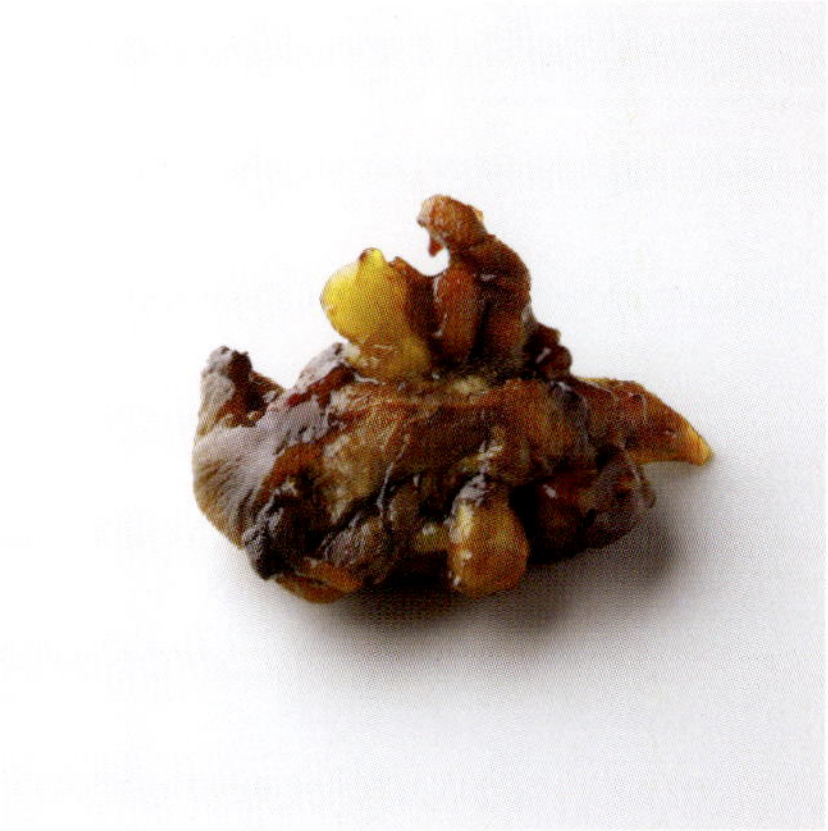

黄の色釉が掛かった、鮮やかな器を使いました。器の色があざやかなので、黒色の料理が入ると全体が締まります。台は左奥の精子蟹です。隣に落葉の上に盛ったすっぽんの旨煮を盛り、慈姑、昆布巻き、最後にナマコを盛り合わせます。

慈姑海老［温］

生子白酢掛［冷］

穴子昆布巻［温］

精子蟹［冷］

セイコガニ（セコガニ）は、地方によってはコウバコガニともいわれる雌のズワイガニです。市場には十一月頃から抱卵したセイコガニが出回ります。雄のズワイガニよりもかなり小さいですが、身と味噌には甘みがあり、内子はねっとりと濃厚でこの季節ならではの味として喜ばれます。
　ここではカニの味つけは生の外子の塩気のみ。ぷちぷちとした食感が持ち味です。

セイコガニ、塩
三ツ葉

❶ セイコガニは、まず外子を取って薄塩をふり、ザルに入れて水気をきる。
❷ カニを蒸し器で約8分間蒸す。
❸ 蒸したカニの身をほぐす。三ツ葉は熱湯でさっとゆで、冷水にとって色止めをして水気をきったのち、2cm長さのざく切りにする。
❹ ❶の外子と❸のカニと三ツ葉を混ぜ合わせ、甲羅に盛る。

すっぽん旨煮［温］

スッポンをたっぷりの酒で炊くと特有のえぐ味が出てしまいます。最近はくさみがほとんどないので、水で炊いて本来の味を生かしました。

スッポン（ほどいて皮をむいたもの）1kg
水2リットル、昆布適量
砂糖30g、たまり醤油30cc
ショウガ（薄切り）10g

❶ スッポンはほどいて水で洗う。60～70℃の湯に甲羅と身を入れて10～15秒間浸けて取り出し、水にとって表面の皮をむく。
❷ 1kgのスッポンに対して、2リットルの水を用意して、スッポンと水を鍋に入れ、昆布を入れて強火で沸かす。
❸ 沸いたら昆布を取り出し、アクをすくって煮詰める。半分に煮詰まったら、砂糖を加える。たまり醤油は3回に分けて少しずつ味を含ませて、甘辛く味をつける。
❹ 途中でショウガを加え、ツヤが出るまで、さらに煮詰める。
❺ 密封容器に入れて冷蔵庫で保管する。提供時は必要な分量を取り分け、ラップフィルムをかけて蒸して温める。

慈姑海老［温］

一旦クワイを潰してから叩いたエビとともに丸めてクワイの芽をさし、もとの形を再現しました。おせち料理では淡い味で煮含めますが、ここでは趣向を変えてからりと揚げて熱々を塩ですすめます。

クワイ（すりおろし）200g、才巻エビ（刃叩き）100g、片栗粉適量
揚げ油、塩

❶ クワイは皮をむいてすりおろす。
❷ 才巻エビは頭と背ワタを取り除き、殻をむいて塩水で洗って水気をふく。これを粗めに叩く。
❸ クワイとエビを混ぜ合わせて、元のクワイの大きさに丸める（約10個分）。
❹ クワイの芽をさして刷毛で片栗粉をまぶす。170℃の油で揚げて油をきり、塩をふる。

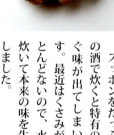

生子白酢掛 ［冷］

冬はナマコの身が締まるおいしい季節です。茶ぶり（ほうじ茶でゆでること）にして、大徳寺麩と盛り合わせ、白酢を掛けました。茶ぶりの火入れ加減がおいしさの決め手となります。ちょうどよいタイミングを見極めましょう。

活ナマコ、ほうじ茶（抽出液）
合せ酢（だし100cc、酢180cc、醤油120cc、味醂120cc、砂糖20g、カツオ節1つかみ）
大徳寺麩（市販）、セリ
白酢（絹漉し豆腐200g、白練りゴマ大さじ2、砂糖大さじ2、薄口醤油10cc、酢30cc）

❶ ナマコは天地を落とし、割箸などで内臓を押し出して掃除する。小口から1cm厚さに切る。
❷ ほうじ茶を濃いめに煮出して漉す。鍋に戻して70℃に温め、ナマコを入れて1分間ほどゆでる。ナマコがふっくらして角がなくなり、丸みを帯びてきたら氷水にとって冷やし、ザルに上げて水気をきる。これを茶ぶりという。独特のにおいを和らげ、色をつけるために行なう。
❸ 合せ酢をつくる。鍋にすべての材料を入れて火にかけ、一煮立ちしたら冷まして漉す。
❹ この合せ酢に❷のナマコを1時間ほど仮漬けする。ザルで水気をきったのち、新しい合せ酢に2時間ほど浸けて本漬けする。
❺ 大徳寺麩は輪切り、セリは熱湯でゆでて冷水にとり、2.5cm長さに切りそろえる。
❻ 白酢をつくる。絹漉し豆腐は水をきり、裏漉しして白練りゴマ、砂糖、薄口醤油、酢を加えてすり混ぜる。
❼ ナマコを盛り、大徳寺麩とセリを盛り合わせ、白酢を掛ける。

穴子昆布巻 ［温］

アナゴといえば夏のもの、とされていますが、冬も脂がのっていて美味なものです。白焼きのアナゴを昆布で巻いて煮含めました。盛り合わせたスッポン旨煮が濃いめの味なので、この料理は薄めに調えて、強弱をつけます。

活アナゴ、生昆布
煮汁（だし17：薄口醤油1：日本酒0.5）

❶ 生昆布は水に浸けて軽く塩気を抜いて、水気をふく。
❷ 活アナゴを背開きにし、表面のヌメリを包丁でしごいて落とし、腹骨をそぎ取る。串を打ち、白焼きにして完全に火を入れる。焼く前に酒や塩はふらない。
❸ 生昆布で白焼きしたアナゴを巻き、竹皮で包んでタコ糸で結わく。
❹ ❸を鍋に並べ、だし、薄口醤油、日本酒を加えて火にかけ、30分間ほどかけて味を煮含める。鍋のまま冷ます。
❺ 提供時に切り出し、蒸し器で温める。

焼〆葉皿

十二月［組肴］②

鮭氷頭膾 大根おろし イクラ［冷］

河豚煮凍り［冷］

焼〆の器に金色の掻敷を敷いて十二月らしい華やかな盛りつけに。変形皿に盛りつける際は、猪口の下に懐紙を敷くと安定します。

諸子あめ煮［温］

鰤蕪挟み 味噌黄味酢掛［冷］

鴨芹巻［温］

鮭氷頭膾　大根おろし　イクラ ［冷］

こりこりとした食感が持ち味の氷頭なます。酢をきかせたなます酢に浸けておけば2週間は日持ちします。冬ならではの珍味です。

サケの頭、塩、なます酢（↓233頁）
大根、塩水（1％濃度）
イクラ醤油漬け（↓144頁生海胆イクラ和へ）
三ツ葉、ユズ（繊切り）

❶　サケの頭は薄切りにして、重量の10％の塩をまぶして一晩おく。
❷　翌日サケを水洗いして、なます酢に浸して30分間仮漬けし、汁気をきったのち、新しいなます酢に30分間浸ける（本漬け）。
❸　大根はあられに切り、1％濃度の塩水でしんなりさせ、水気をきる。これを❷のなます酢の中に入れてさらに30分間おく。サケは都合1時間なます酢に浸けることになる。
❹　器にサケの頭と大根を盛り、イクラをのせ、ゆがいて2.5cmに切りそろえた三ツ葉、ユズを散らす。

河豚煮凍り ［冷］

フグの季節が到来です。フグ皮が多いときはそのまま固まりますが、そうでないときはゼラチンで補って寄せます。
ここで使用するトオトウミという部位は、表皮の内側にある皮膜で、この呼び名は地名の「遠江」からきています。遠江は三河（みかわ）のとなりにある国です。このことから身と表皮のとなりの部分をトオトウミと呼ぶようになりました。

フグ皮（トオトウミ、皮、身皮）250g、ショウガ（繊切り）20g
煮汁（だし10：醤油1：味醂1）600cc

❶　熱湯でフグのトオトウミを2分間ゆでて氷水にとって締める。皮（白と黒）は透明感が出るまで熱湯でゆでて氷水にとって締める。身皮はさっと霜降りする。小さくなりすぎないように注意してそれぞれを細く切る。
❷　鍋に煮汁を合わせて❶のトオトウミと皮を入れて火にかけ、弱火で煮て2割ほど煮詰める。
❸　身皮と繊切りのショウガを加えて混ぜ、火を止める。粗熱がとれたら流し缶に流す。冷蔵庫で冷やし固め、提供時に切り出す。

諸子あめ煮 ［温］

モロコは湖沼に棲む淡水魚で、甘露煮や佃煮などで食べることが多いですが、ここでは揚げて、甘辛くからめてみました。
さくさくと軽い食感が好まれますので、必ず活けを使ってください。活けでないとこの食感は生まれません。

活モロコ（5cm大）200g、小麦粉、揚げ油
味醂150cc（5）、日本酒90cc（3）、醤油15cc（0.5）、たまり醤油15cc（0.5）

❶　活モロコは水洗いしてザルに上げて水気をきる。小麦粉をまぶし、180℃の揚げ油でさくさくになるように揚げて油をきる。
❷　鍋に味醂、日本酒、醤油を入れて火にかける。沸騰して煮詰まり、泡が大きくなってとろみがついてきたらたまり醤油を加え、❶のモロコを入れて全体にからめる。

鰤蕪挟み 味噌黄味酢掛 ［冷］

鰤蕪のアレンジです。塩で浅漬けにしたカブの塩気がブリをおいしくしてくれます。
おぼろ昆布で巻くと、食べやすくなるし、昆布の旨みも加わります。

ブリ（サク取り）、塩、酢
天王寺カブ、塩水（3％濃度）
おぼろ昆布
味噌黄味酢（白玉味噌1→233頁：黄味酢1→233頁）

❶ ブリに強塩をあてて一晩おく。
❷ 天王寺カブは厚さ1㎝弱の色紙切りにして、3％濃度の塩水に2〜3時間浸ける。
❸ 味噌黄味酢をつくる。白玉味噌と黄味酢を同割で合わせ、よく混ぜておく。
❹ ❶のブリを水洗いしたのち水気をふき、酢でさっと洗って身を締めて、酢をふく。酢洗いは殺菌の効果もある。
❺ カブでブリを挟み、おぼろ昆布で巻く。食べやすく切り出し、味噌黄味酢を添える。

鴨芹巻 ［温］

師走に出回るセリを合鴨で巻きました。春ならばセリをフキに、初夏ならばアスパラガス、またゴボウなどにかえてもいいでしょう。

合鴨胸肉
セリ、昆布立て（→232頁）
塩、コショウ

❶ 合鴨胸肉は余分な脂とスジを取り除き、端を切り離さないように、互い違いに縦に包丁を入れて、1本の長い帯状にする。
❷ セリは熱湯でさっとゆでて冷水にとり、水気を絞って、昆布立てに浸けておく。
❸ 芯になる金串と、水気を絞ったセリを一緒に持ち、これに❶の鴨肉を強く巻きつけて、端を楊枝で留める。
❹ ❸に扇串を打ち、塩、コショウをふって焼く。両面が焼けて肉がおちついたら中の金串を抜き、全体を仕上げ焼きして串をはずし、食べやすい大きさに切り出す。

一月　睦月

紅白や金銀、松竹梅の器や掻敷を使って、新年を迎えたよろこびを、皿の上に表現します。

正月はおせち料理を食べ飽きているので、一月の献立にはあえて同じ料理は出しません。しかしおせち料理に使った食材は、それぞれ意味のあるおめでたいものですし、正月のイメージを残すためにも、おせちの食材を別の料理に仕立てています。

銀朱丸八寸皿

一月［祝い肴］①

松竹梅を添えて
松笠慈姑
竹蒟蒻
梅人参香梅煮

手綱膾［常温］

朱塗りの丸皿に四方紅を敷き、色と形のバランスをとっています。黒い塗りの猪口の松竹梅が台となります。これを奥に盛って、手前に角の赤飯、芽巻、丸の百合根茶巾、最後に手綱膾を添えます。

百合根黒豆茶巾［常温］

芽巻数の子［冷］

ごまめ赤飯［温］

松竹梅を添えて
松笠慈姑
竹萵苣薹
梅人参香梅煮

クワイを松に、チシャトウを竹に、ニンジンを梅に見立ててました。ニンジンは梅肉で煮て、形だけでなく味と香りも楽しんでいただきます。クワイは揚げたての温かい状態でお出しします。
黒い塗りの猪口に盛って、全体を締めています。

●松笠慈姑［温］

クワイ20個、揚げ油適量
煮汁（日本酒150cc、味醂50cc、砂糖20g、水あめ大さじ1、醤油15cc、たまり醤油7.5cc）

❶ クワイは皮を六方にむき、松笠状に包丁目を入れ、160℃の油で揚げる。
❷ 鍋に日本酒、味醂、砂糖、醤油を入れて火にかける。沸騰して煮詰まってきたらクワイを入れる。仕上がりにたまり醤油と水あめを加えて照りよく煮詰める。

●竹萵苣薹［冷］

チシャトウ、昆布立て（↓232頁）

❶ チシャトウは5cm長さに切り、桂むきしてスジを取り除く。
❷ 熱湯でゆでて冷水にとり、水気をふいて斜めに切る。昆布立てに浸けておく。

●梅人参香梅煮［冷］

京ニンジン
煮汁（だし20：醤油1：梅肉ペースト1）

❶ 京ニンジンは梅花にむいて熱湯で下ゆでする。
❷ 鍋にだしを注ぎ、醤油と梅肉ペーストを加える。下ゆでした京ニンジンを入れて火にかけ、さっと煮て味を含める。

手綱膾［常温］

真っ白い大根と、赤い京ニンジンを抜き型を使ってらせんに抜いて、紅白の手綱をつくりました。手綱は「結びつく」という意味があるので、縁起ものとして添えました。

大根、京ニンジン、塩水（2％濃度）
なます酢（↓233頁）

❶ 大根とニンジンは抜き型を使って手綱型に抜いて、2％濃度の塩水に1時間浸けておく。
❷ しんなりしたら、なます酢に1時間ほど浸ける。取り出して水気をふき、新しいなます酢に浸けかえて1時間本漬けする。

百合根黒豆茶巾［常温］

ユリネも黒豆もおせちには欠かせない食材です。ユリネをきんとんがわりに、クリを黒豆にかえて、おせちの「栗きんとん」を「黒豆きんとん」にアレンジして、茶巾に絞りました。

ユリネ（裏漉し）250g、砂糖蜜（砂糖50g、水50cc）、塩1つまみ、水あめ大さじ2
黒豆蜜煮

❶ ユリネは1枚ずつにばらして掃除をし、熱湯でゆでて裏漉しする。
❷ 砂糖蜜をつくる。鍋に砂糖と水を入れて火にかける。砂糖が溶けたら火からおろして冷ましておく。❶に砂糖蜜を少しずつ混ぜ合わせる。
❸ ❷を鍋に移して木ベラで練る。仕上げに水あめを加えて塩で味を調え、バットに広げて冷ます。
❹ ユリネきんとんに黒豆蜜煮を入れて茶巾にとる。

芽巻数の子［冷］

若芽（ワカメ）の「芽」は、上にのびるということを象徴しますので、縁起のよい食材として神事などにも使われます。子孫繁栄を願うカズノコを、ワカメで巻いた正月らしい料理です。

カズノコ、塩水（1％濃度）、日本酒
ワカメ
浸け地（だし250cc、醤油50cc、薄口醤油50cc、カツオ節1つかみ）

❶ カズノコを1％濃度の薄い塩水に浸して塩抜きをする。塩水を2～3回取りかえて、塩気が少し残る程度に抜く。カズノコの薄皮をていねいにむき取り、日本酒で洗う。
❷ 鍋に浸け地の材料を合わせて火にかけ、一煮立ちしたら漉して冷まし、カズノコを浸す。
❸ 半日ほど浸したら、引き上げて水気をふき、ワカメを巻きつける。食べやすく切って盛る。

ごまめ赤飯［温］

ゴマメもおせちには欠かせない食材です。醤油と七味で味をつけ、うるち米でつくった赤飯の上にのせて水引のニンジンを添えました。

赤飯（うるち米3合、小豆100g、小豆のゆで汁480cc、日本酒45cc、薄口醤油10cc、塩7g）
ゴマメ、醤油、七味唐辛子
ニンジン、昆布立て（→232頁）

❶ 赤飯をつくる。大きめの鍋に水と小豆を入れて火にかける。一煮立ちしたらザルに上げる。再び鍋にゆでこぼした小豆と水1リットルを入れ、40～50分間かけて弱火で煮戻す。
❷ 小豆が柔らかくなったら、ザルにとって水気をきる。漉し取った小豆のゆで汁に、日本酒、薄口醤油、塩を入れて、ご飯の炊き地とする。
❸ 米は洗って15分間水に浸し、ザルに上げて15分間おき、❷の炊き地で炊く。炊き上がりに❷の小豆を加えて、物相で押す。
❹ ゴマメはフライパンで軽く煎り、色がついてきたら醤油、七味唐辛子をからめる。
❺ ニンジンは13cm長さの細い棒状に切ってゆでる。冷水に放って水気をきり、輪をつくって結ぶ。昆布立てに浸ける。
❻ ❸の物相の上に❹のゴマメをのせて、結びニンジンを添える。

淵上り正角盆

一月［組肴］①

福寿草蕗の薹［温］

銀杏餅唐寿美［温］

木製の盆に金と銀を敷き、裏白とゆずり葉を掻敷にしたお正月らしい盛りつけです。台は貝殻に盛ったナマコ。手前には丸いフォルムの酒肴を4品、いろどりよく並べました。

鮃錦糸巻［冷］

生子このわた掛［冷］

白子諸味焼［温］

福寿草蕗の薹［温］

福寿草は「福」と「寿」の字をあてたおめでたい花。新春に芽吹くフキノトウを福寿草に見立てています。チーズを射込んで天ぷらにし、煎り卵を散らして花にしました。

フキノトウ、プロセスチーズ
小麦粉、天ぷら衣（↓232頁）、揚げ油、塩
卵黄

❶ フキノトウは芯の部分を抜いてプロセスチーズを射込む。
❷ 卵黄は湯煎にかけて、数本の箸で混ぜながら煎って、火が通ったら裏漉しする。さらにボウルに和紙を敷き、裏漉しした卵黄をのせ、湯煎で軽く炒って油抜きをする。
❸ ❶に小麦粉をまぶして、天ぷら衣にくぐらせ、170℃の揚げ油で揚げる。油をきって塩をふり、❷の卵黄をふる。

銀杏餅唐寿美［温］

カラスミには大根がつきものですが、ご飯や餅にもよく合います。ここでは銀杏餅に合わせてみました。春ならばヨモギ餅でも合うでしょう。
カラスミは甘もろみに浸けて戻すと、一味違った味を楽しめます。

ギンナンペースト（生の裏漉し）160g、白玉粉160g、水60cc、塩1つまみ
揚げ油
カラスミ（薄切り）1切れ

❶ 銀杏餅をつくる。ギンナンは生のまま殻をはずして薄皮をむき、裏漉しする。ここに白玉粉と水を合わせて手でこね、塩1つまみを加えて丸くとる。
❷ 揚げ油を170℃に熱し、❶の銀杏餅を揚げて油をきる。上にカラスミをのせる。

鮃錦糸巻［冷］

昆布〆にしたヒラメを美しい黄色の薄焼き玉子で巻きました。玉子で味がまろやかになり、色合いも軽やかで春らしくなります。

ヒラメ、塩、酢
キュウリ、塩水（1.5％濃度）
薄焼き玉子（↓232頁）
吉野酢（↓233頁）

❶ キュウリは7cm長さに切って桂むきにし、塩水に浸けて、しんなりしたら水気をふく。
❷ ヒラメは五枚おろしにして皮を引き、薄く塩をして30分間おく。酢にさっとくぐらせて水気をふいて、そぎ切りにする。
❸ 巻簾にラップフィルムを敷き、薄焼き玉子を広げ、キュウリをのせ、ヒラメを並べて手前から巻いて輪ゴムで留める。
❹ 一口大に切り出して、吉野酢を掛ける。

生子このわた掛［冷］

旬のナマコと、その内臓でつくった塩辛のコノワタを合わせました。ナマコは歯ごたえを失わないように加減して茶ぶりします。

ナマコ、ほうじ茶抽出液
合せ酢（だし600cc、酢180cc、醤油120cc、味醂120cc、砂糖20g、カツオ節1つかみ）
コノワタ、セリ

❶ ナマコは天地を切り落として割箸などを通して内臓を抜いて掃除し、1cm長さに切る。
❷ 鍋に合せ酢の材料を入れて火にかけ、一煮立ちしたら漉して冷ます。
❸ ほうじ茶を煮出したのち70℃に冷まし、ナマコを約1分間浸けて冷水にとる。水気をきって合せ酢に浸けて1時間ほど仮漬けする。
❹ ザルで水気をきったのち、新しい合せ酢に2時間ほど浸けて本漬けする。
❺ ❹のナマコの汁気をきって器に盛り、コノワタを掛ける。ゆがいたセリを前に盛る。

白子諸味焼［温］

1月に入るとフグの白子がぷっくりと大きくなります。食べ頃のフグの白子に、醤油もろみをのせて焼き上げました。
フグは「フク（福）」と読ませる縁起のよい食材です。

フグの白子、塩水（1％濃度）
もろみ

❶ 白子は薄い塩水に浸して血抜きをし、水で洗って水気をふき取る。
❷ 白子を一口大に切って串を打って両面を焼き、焼き色がついたらもろみをのせてさっと焼いて仕上げる。

溜椿皿

一月［前菜］②

海老錦玉子［常温］

公魚昆布巻［温］

床節利久焼［温］

白魚奉書揚［温］

丸皿と角の盆を組み合わせてバランスをとりました。白木の盆に盛ると新年の明るい雰囲気を出すことができます。金紙と赤い南天で正月らしさを表現しました。

季節柄、温かい料理でまとめてみました。

埋み白子［温］

海老錦玉子［常温］

正月の献立によく登場する錦玉子。黄身と白身の黄と白、エビの淡いピンクの明るい色の組み合わせが初春らしい一品です。

●18cm角の流し缶1台分

全卵18個、すり身240g、水30cc、薄口醤油・砂糖各適量、鴨頭ネギ適量、エビ300g、日本酒

❶ エビは頭と殻をむいて背ワタを抜き、塩水で洗って水気をふく。包丁で細かく叩き、水と同量の日本酒を加えて軽く炒り上げる。

❷ 卵はゆでて冷水にとり、殻をむいて黄身と白身に分けて、それぞれ裏漉しする。

❸ すり身100gをすり鉢ですり、❷の黄身280g、水30ccを加えてすり混ぜ、薄口醤油、砂糖で薄味をつける。クッキングシートを敷いた流し缶に詰めて蒸し器で20分間蒸す。

❹ すり身140gをすり鉢ですり、❷の白身200gを加えてすり混ぜ、塩、薄口醤油で薄味に調え、細かく刻んだ鴨頭ネギを混ぜる。

❺ ❸が蒸し上がったら、温かいうちに❹のすり身を詰め、さらにその上に❶のエビを押しつけて敷き詰め、20分間蒸して仕上げる。

❻ 流し缶から取り出して、角に切り出す。

床節利久焼［温］

玉味噌に練りゴマを混ぜてつくった利久味噌。利久には利益が久しく続くようにという意味があります。またトコブシには「フクダメ」という別名がついており、こちらもおめでたい食材としておせち料理に使われます。

トコブシ、塩、昆布
地（水8：日本酒1：薄口醤油0.3）
焼き衣（白玉味噌2→233頁：白練りゴマ1）

❶ トコブシは表面に塩をふってタワシでみがき、熱湯にくぐらせて霜降りをする。

❷ 圧力鍋にトコブシと昆布を入れ、水、日本酒、薄口醤油を合わせた地を浸るくらい注いで蓋をして火にかける。2目盛りまで圧力がかかったら弱火にして5分間煮て火を止め、自然放置する。冷めたら殻をはずして肝を取り除く。

❸ ボウルに白玉味噌と白練りゴマを合わせて焼き衣をつくり、❷のトコブシの上に掛けて、上火で焼き色をつける。

公魚昆布巻［温］

ワカサギといえば、寒い季節の氷上の穴釣りが風物詩です。この時期のワカサギは脂がほどほどにのっているうえ、身が締まって美味です。大きいと火が通りにくいので、小ぶりのワカサギを2尾まとめて、白板昆布で巻きました。

ワカサギ100尾、白板昆布、*カンピョウ
煮汁（水750cc、日本酒750cc、味醂300cc、砂糖150g、醤油90cc、たまり醤油60cc、水あめ大さじ1）

*塩1つまみを入れてボウルの中でよくもみ、水洗いして水気をきっておく。

❶ ワカサギは天火で両面を焼いて焼き色をつける。この段階でほぼ完全にワカサギに火を入れる。

❷ ワカサギ2尾を頭と尾を互い違いにして白板昆布で巻き、カンピョウで留める。

❸ 重ならないように❷を鍋に並べ、水と日本酒を注いで落とし蓋をして強火にかける。

❹ 煮汁が元の2／3まで煮詰まったら、味醂、砂糖、醤油を加えて中火で煮詰めていく。

❺ ❹が1／3ほどに煮詰まったら、たまり醤油と水あめをからめて中火で加熱して仕上げる。

❻ 端を切りそろえる。

白魚奉書揚 [温]

出始めのシラウオはさっと蒸し、奉書に見立てた昆布で巻いて揚げました。三月に出すならば、ひな祭りにちなんでろうそく揚と名づけると風情が出ます。

シラウオ、おぼろ昆布、長ネギ
小麦粉、天ぷら衣（↓232頁）、揚げ油、塩

❶ シラウオは塩水でさっと洗って水気をきり、バットに並べて蒸し器で5分間ほど蒸す。身が白くなったら蒸し上がり。
❷ 取り出して粗熱をとり、おぼろ昆布で巻き、長ネギの外側の部分でくるんで、ラップフィルムで包む。
❸ シラウオとおぼろ昆布がなじんだら、4㎝長さに切り、ラップをはずし小麦粉をまぶして天ぷら衣にくぐらせ、180℃の揚げ油で揚げる。油をきって塩をふる。

埋み白子 [温]

猪口を使って熱いお粥を前菜に使いました。猪口や豆皿などを前菜や組肴に用いれば、料理の幅がぐっと広がるし、熱い料理と冷たい料理を一緒に盛り込むことができます。

フグの白子
粥（米1：水17）
べっこう餡（だし5：醤油1：カツオ節・水溶き片栗粉各適量）
ぶぶあられ、長ネギ（繊切り）、セリ（ざく切り）、ユズ（繊切り）

❶ 米は洗って15分間水に浸け、ザルに上げて15分間水きりをする。米1に対して水17を鍋に入れて強火にかける。一煮立ちしたら中火にして、米が柔らかくなるまで煮る。
❷ べっこう餡をつくる。鍋に材料を入れて火にかけ、一煮立ちしたら漉して、水溶き片栗粉を加えてとろみをつける。
❸ ❶の粥を器に盛る。一口大に切って天火で焼いた熱い白子をのせ、べっこう餡を掛けてかもじネギをのせる。
❹ ぶぶあられ、セリを散らし、針ユズを添える。

一月［組肴］②

竹串刺

菜の花 干子 雪花菜和へ［冷］

蟹翁和へ［冷］

河豚東雲焼［温］

穴子俵揚［温］

前菜と少しイメージを変えて、金彩の水引を描いた楕円形の器に盛りました。流れるような図柄を生かして、竿のように竹串を立てた、動きのある立体的で華やかな盛りつけです。

金彩刷毛楕円鉢

竹串刺

タイの皮でゴボウを巻いた八幡巻（松の外皮に見立てた）、子宝を願った子持ち昆布、春のヨモギを使った若草団子を串に刺して、目新しさ（＝おめでたさ）を表わしました。

●鯛八幡巻［温］

ゴボウ
煮汁（だし20：薄口醤油1：日本酒0.3）
タイの皮、小麦粉、サラダ油
タレ（醤油1：日本酒3：味醂5）

❶ ゴボウは味がよくしみるように縦に切り込みを入れる。米糠と水とともに鍋に入れて火にかけて、串がすっと通るまで柔らかく煮る。水1リットルに対して米糠50gが分量の目安。水にさらしたのち再度ゆでこぼして糠くささを抜く。

❷ 再び鍋に入れ、だしと薄口醤油と日本酒を浸るくらい注いで中火で煮含める。

❸ ❷の水気をきり、タイの皮を巻きつける。小麦粉をまぶし、サラダ油をひいたフライパンでころがして中火で焼く。皮に焼き目がついたら、タレ適量を注いでからめる。

●子持ち昆布［冷］

子持ち昆布、塩水（1％濃度）
浸け地（だし7：薄口醤油1：日本酒1、カツオ節適量）

❶ 子持ち昆布は2cm角に切り、薄い塩水に浸けて塩気をほどよく抜く。薄い塩水に浸けると真水よりも塩がうまく抜ける。ただし塩気を抜きすぎると、苦みが残ってしまうので加減する。

❷ 浸し地をつくる。鍋にすべての材料を合わせて一煮立ちさせ、漉して冷ます。

❸ 塩気を抜いた子持ち昆布を❷の浸し地に1時間浸ける。

●蓬白玉［温］

ヨモギ（新葉）、白玉粉100g、水90cc
赤玉味噌（↓234頁）

❶ ヨモギの新葉をむしって熱湯でゆでて、よく水にさらしてアクを抜く。水気を絞ってすり鉢でペースト状になるまでよくする。

❷ ボウルに白玉粉と水を入れてこね、❶のペースト10gを加えて混ぜ合わせる。

❸ ❷を丸め、熱湯でゆでて冷水にさっと落として温かいうちに上げる。

❹ 八幡巻、子持ち昆布、蓬白玉を松葉串に刺し、白玉に赤玉味噌を添える。

蟹翁和へ［冷］

おぼろ昆布で和えると「翁和へ」と名がつきます。おぼろ昆布が白髪に見えることから、長寿を願ってお祝いの席で使われます。

ズワイガニ
おぼろ昆布

❶ ズワイガニは約20分間蒸して冷まし、脚の身を取り出す。

❷ おぼろ昆布は手でほぐして鍋に入れ、弱火でゆっくり空煎りして細かい粉末状にする。

❸ ❶のカニに❷の昆布をまぶす。

菜の花 干子 雪花菜和へ［冷］

正月らしく黒豆の湯葉で菜ノ花を包みました。酒肴の干子はあぶって丸みをつけています。オカラをまぶし、うっすらと雪が積もった風景を表わしました。

ホシコ、昆布立て（↓232頁）
菜ノ花、湯葉（黒豆）
雪花菜和え衣（↓232頁）

❶ 菜ノ花は70℃の湯で1分間ほどゆでて冷水にとり、水気を絞って昆布立てに1時間ほど浸ける。70℃の湯でゆでると菜ノ花本来の辛みが出る。
❷ 菜ノ花の水気を絞り、湯葉で巻き、雪花菜和え衣をまぶす。
❸ 干子はさっとあぶり、同様に雪花菜和え衣をまぶす。

河豚東雲焼［温］

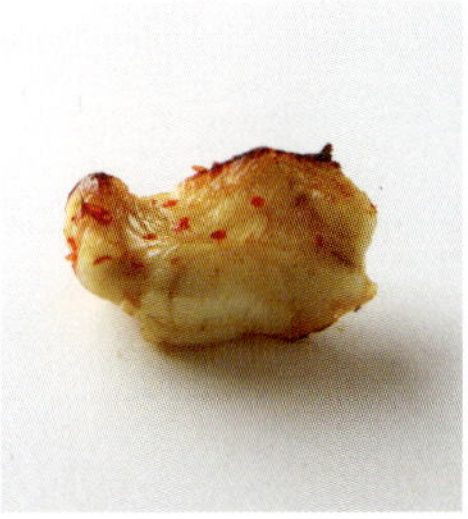

夜が明けていく茜色の空を東雲といいます。この色を表現するために、醤油と味醂と豆板醤を使って焼きました。小フグは身が柔らかいので、おろしたてをすぐに使えて便利です。

小フグ
タレ（醤油1：日本酒1：味醂1、豆板醤適量）

❶ 小フグはおろして1切れ20gに切り、串を打って天火で焼く。
❷ 火が入り始めたら、数回タレをかけながら焼き上げる。

穴子俵揚［温］

俵揚はお祝いの料理で、俵形につくることからこう呼ばれます。すりおろしたレンコンとアナゴを湯葉で巻いて新挽粉をまぶし、揚げ色がつかないように雪のように仕上げます。

アナゴ、煮汁（日本酒4：だし2：水2：醤油1：味醂1：砂糖0.5）
レンコン
平湯葉（半乾燥）
小麦粉、卵白、新挽粉、揚げ油、塩

❶ アナゴは掃除して背開きにし、熱湯にさっとくぐらせて汚れとヌメリを取る。
❷ 鍋に煮汁の材料を表記の割で合わせて、アナゴを入れて火にかける。一煮立ちしたら火を弱めて10分間ほど煮る。
❸ すりおろしたレンコンを鍋に入れて火にかけて練る。レンコンに火が入るとデンプンが糊化して粘りが出てくる。
❹ 平湯葉を広げてアナゴ、❸をのせて巻く。
❺ ❹に小麦粉をまぶして、溶いた卵白にくぐらせ、新挽粉をまぶして160℃に熱した油で揚げて油をきる。仕上がりに塩をふる。一口大に切って盛りつける。

二月 如月

節分は、文字通り季節の分かれ目のことです。冬が終わり、春が始まる日が「立春」となります。二月の節分はとりわけ重要とされており、今でこそ庶民の行事となった「豆まき」は、病などをもたらす鬼を追い払うという宮中の儀式が始まりとなっています。

まだまだ寒さは厳しいですが、うっすらと春の気配を感じる季節でもあります。ここでは「節分」「梅」「鶯」をイメージした料理を紹介します。

二月［前菜］①

鰯如月［冷］

海老手綱寿し［冷］

前菜には豆まきに用いる升の形の器を用意し、梅花と鶯をモチーフにした5種の料理を盛り込みました。料理の美しい色を生かすために、色数を抑えた器を選びます。

錆山水正角箱

梅花蕪［冷］

金子鶯和へ［冷］

白魚新挽揚 紅梅揚［温］

鰯如月［冷］

イワシは鮮度が落ちやすく生ぐさいとされて、昔から魔除けに使われてきました。もちろん流通の発達した現代ではそのようなことはありませんが、古くからの風習として伝えられています。

イワシ、塩、酢
プチベール、昆布立て（↓232頁）
雪花菜和え衣（↓232頁）
キンカン

❶ イワシは大名おろしにして薄塩をあて、20分間おく。プチベールは1枚ずつはがして熱湯でゆで、昆布立てに浸ける。
❷ キンカンは座りがいいように下を薄くそいで平らにし、上のヘタから2割程度のところで切り落として中をくり抜き、釜をつくる。
❸ ❶のイワシを酢でさっと洗い、水気をふいて皮を引き、そぎ切りにして、プチベールと合わせる。雪花菜和え衣で和えてキンカン釜に盛る。

海老手綱寿し［冷］

春らしさを、玉子の黄色、エビの赤色、キュウリの緑色の鮮やかな3色で表現しました。

エビ
キュウリ、塩水（1.5％濃度）
薄焼き玉子（↓232頁）
芋寿し（↓232頁）
吉野酢（↓233頁）

❶ エビは背ワタを抜き、のし串を打って熱湯でゆで、冷水にとる。冷めたら串を抜き、殻をむいて縦半分に割る。
❷ キュウリは1㎝幅、8㎝長さの帯状に切って塩水に浸ける。
❸ 薄焼き玉子をキュウリにそろえて切る。
❹ 巻簾を広げて上にラップフィルムを敷き、エビ、キュウリ、薄焼き玉子を斜めに交互に敷く。この上に芋寿しをのせ、手前から巻簾ごと巻いていく。軽く締めてなじませる。
❺ 巻簾をはずし、ラップごと4㎝長さに切り、ラップをはがして吉野酢を塗る。

梅花蕪［冷］

梅花型で抜いたカブのなます。カブは水分が多いため、なます酢の味が薄まってしまうので、仮漬けと本漬けをして味をのせています。

カブ、立塩（3％濃度の塩水）
なます酢（↓233頁）
塩イクラ、卵黄

❶ カブは皮をむき、1.5㎝厚さの輪切りにして梅花型で抜き、中心を丸くくり抜く。
❷ ❶のカブを立塩に1時間ほど浸けてしんなりさせたのち、水気をきる。
❸ なます酢の材料を合わせて一煮立ちさせ、冷ましておく。このなます酢に❷のカブを2時間ほど仮漬けしたのち、新しいなます酢にかえて2時間程度本漬けする。
❹ 卵黄はボウルに入れて湯煎にかけ、ゴムベラで練るように混ぜて火を入れ、冷ましたのち裏漉しして煎り玉子をつくる。
❺ カブを取り出して酢をきり、塩イクラと❹の煎り玉子を添える。

金子鶯和へ ［冷］

薄切りの二十日大根を梅の花びらに見立てて梅花をつくり、節分の鬼の金棒に似たキンコを盛って鶯餡を掛けました。「梅に鶯」です。

キンコ（ナマコの乾燥品）、灰汁、ワラ
煮汁（だし、塩、日本酒、薄口醤油）
鶯餡（エンドウマメペースト200g、水60cc、塩2g、薄口醤油5cc、砂糖大さじ1）
二十日大根、松ノ実

❶ キンコは一晩灰汁に浸けたのち、水洗いして鍋に移し、ワラと水を入れて火にかけ、3〜5時間かけて煮る。
❷ 柔らかくなったら、内側の薄膜を取り除く。吸い地加減に調えた煮汁で、キンコを15分間ほど煮含めてそのまま冷ます。
❸ 鶯餡をつくる。エンドウマメペーストに水、塩、薄口醤油、砂糖を加えてよく混ぜる。
❹ 薄切りにした二十日大根を梅花形に並べ、❷のキンコを食べやすく切って盛り、❸の鶯餡を掛ける。松ノ実を添える。

●エンドウマメペースト

❶ エンドウマメは、サヤをはずして水1リットルに対して、重曹を小さじ1、塩10gの割で合わせた熱湯でゆでる。マメが浮いてきたら極弱火にする。全体が柔らかくなってきたら火を止めて、アルミホイルをかぶせて余熱で火を通す。余熱にしないとマメの芯が柔らかくなるまえに、皮がはじけてしまう。
❷ マメがすべて沈んだら、少量ずつ水を注いでゆっくり冷まし、ザルに上げて水気をきる。急に冷却すると皮が縮んでシワが寄ってしまう。このエンドウマメをフードプロセッサーにかけてペースト状にしたのち裏漉しする。

白魚新挽揚 紅梅揚 ［温］

二月に出まわるシラウオに紅白の衣をつけて揚げました。今ではあまり見かけなくなりましたが、紅梅揚は昔から伝えられてきた仕事の一つです。

シラウオ、小麦粉
新挽衣（卵白、新挽粉）
紅梅衣（小麦粉40g、片栗粉10g、水100cc、食紅適量）
揚げ油、塩

❶ シラウオは塩水で洗って水気をふく。
❷ 新挽揚をつくる。シラウオに刷毛で小麦粉をまぶし、溶きほぐした卵白にくぐらせ、新挽粉をつけて170℃の油で揚げて塩をふる。
❸ 紅梅揚をつくる。まず小麦粉と片栗粉を合わせて水で溶く。色が濃すぎないように注意して少しずつ食紅を加えて混ぜ、淡い色の衣をつくる。
❹ 刷毛でシラウオに小麦粉をまぶして紅梅衣にくぐらせ、180℃の油で揚げて塩をふる。

二月［組肴］①

百合根豆腐［冷］

福白子 菜の花 あられ和へ［冷］

烏賊薹味噌焼［温］右
祇園坊酥射込み［冷］左

平貝木の芽揚［温］

小さな器を使って、汁気がある料理や熱々の料理を盛りました。酒肴とはいえ、最近はみずみずしさや、できたて感が求められるようになってきました。
朱色の猪口を間に挟み、鶯色の揚物を端に盛って色のバランスをとりました。

内銀彩舟型前菜皿

百合根豆腐［冷］

ユリネを使って雪のような、真っ白な豆腐をつくりました。早蕨を添えて春を感じていただきます。

百合根豆腐（ユリネ300g、だし200cc、水200cc、粉寒天4g、粉ゼラチン8g、豆乳400cc、塩・薄口醤油各適量）
イワタケ（アク抜き→234頁）、煮汁（だし25：薄口醤油1）
ワラビ（アク抜き→234頁）、昆布立て（→232頁）
べっこう餡（だし6：醤油1：味醂0.5、カツオ節適量、水溶き片栗粉適量）

❶ 百合根豆腐をつくる。ユリネは鱗片を1枚ずつはがして熱湯でゆで、ザルに上げて水気をきる。冷めたら裏漉しをする。
❷ 鍋にだし、水、粉寒天を入れて火にかけ、一煮立ちしたら弱火にして2分間ほど木杓子で練り、水で戻しておいた粉ゼラチンを加えて溶かす。
❸ 別の鍋で豆乳を60℃まで温め、❶のユリネと❷のゼラチン地を加えて混ぜ合わせる。塩、薄口醤油で味を調えて流し缶に流して冷やし固める。
❹ イワタケをアク抜きし、細かく手でちぎり、吸い地加減に味を調えた煮汁で煮含めて、そのまま冷ます。
❺ ワラビを戻す。ワラビのアクを抜き、昆布立てに浸ける。
❻ べっこう餡をつくる。だしに醤油、味醂、カツオ節を合わせて一煮立ちさせて漉し、水溶き片栗粉でとろみをつけ、冷ましておく。
❼ 百合根豆腐を切り出し、べっこう餡を掛け、イワタケ、ワラビを添える。

福白子 菜の花 あられ和へ［冷］

フグの白子に、あられに切った大根なますをかけた酒肴。フグは「フク」と言われますが、これを「福」にかけて縁起がよいものとされています。

フグの白子
菜ノ花、昆布立て（→232頁）
大根、塩水（1.5％濃度）、なます酢（→233頁）、ユズ

❶ 白子は1個15gに切り分け、熱湯でゆでて水気をきっておく。
❷ 菜ノ花は3.5cm長さに切り、80℃の湯で2分間ゆでて冷水にとって冷ます。水気を絞って昆布立てに浸ける。
❸ 大根は2mm角に切り、塩水に1時間ほど浸けてしんなりさせて、ザルにとって水気をきる。なます酢に1時間ほど浸ける。ユズの皮を繊切りにして加える。
❹ 器に白子と菜ノ花を盛り、❸を掛ける。

祇園坊酥射込み　烏賊薹味噌焼

●祇園坊酥射込み［冷］

広島県産の祇園坊という柿は大ぶりで、干し柿に適した柿として知られています。転じて干し柿のことを祇園坊と呼んでいます。「酥」とは古代の乳製品で、乳を煮詰めたものをさします。ここでは干し柿に相性のよいクリームチーズを挟みました。

●18×18㎝の流し缶1台分
干し柿約10個
クリームチーズ400g、粉ゼラチン5g、水40cc
コショウ適量

❶ 干し柿は天地を切り落として縦半分に切る。種が入っていたら取り除いておく。
❷ クリームチーズはボウルに入れて湯煎にかけ、柔らかくする。ここに40ccの水で戻しておいた粉ゼラチンを加えて溶かし、火からはずす。
❸ 流し缶に❶の干し柿を皮目側を下にして並べ、その上から❷のクリームチーズを詰める。さらに上から残り半分の干し柿を皮目側を上に向けて並べて平らに押して冷やし固める。
❹ 切り出して、コショウをふる。

●烏賊薹味噌焼［温］

「薹」は蕗の薹（フキノトウ）のことで、春の季語です。鹿の子に包丁を入れたイカに、ほろ苦い味噌を塗ってこうばしくあぶりました。

イカ
フキノトウ味噌（田舎玉味噌4→233頁：フキノトウ1）

❶ イカはワタを抜き、エンペラをはずして表面の皮をむく。表面に鹿の子模様の包丁目を入れる。
❷ フキノトウは熱湯でゆでて冷水にとり、水にさらして苦みをほどよく抜く。水気を絞って粗みじん切りにする。
❸ フキノトウ味噌をつくる。田舎玉味噌の材料を混ぜ合わせ、フキノトウを加えて火にかける。ふつふつと沸いてきたら弱火にして、5分間ほど練って冷ます。
❹ ❶のイカにのし串を打って焼き、8割ほど火が通ったら、フキノトウ味噌を塗って焼く。味噌にほどよく焼き色をつけて仕上げる。
❺ 串を抜いて食べやすい大きさに切る。

平貝木の芽揚［温］

冬のタイラガイは身が締まり、ホタテガイとは一味違います。青寄せで鶯色をつけた天ぷら衣にすり潰した木の芽を加えて春らしさを出しました。

タイラガイ、小麦粉
天ぷら衣（→232頁）、青寄せ（→232頁）、
木ノ芽
揚げ油、塩

❶ タイラガイは殻から取り出して、肝を除く。貝柱を塩水で洗って水気をふき、2枚にへぐ。
❷ 天ぷら衣に青寄せとすり潰した木の芽を混ぜておく。
❸ ❶のタイラガイに小麦粉をまぶして、❷の衣にくぐらせ、170℃の揚げ油で揚げる。
❹ 半分に切って塩をふる。

緑釉輪花皿

二月［前菜］②

蛤雪花菜寿し［温＋冷］

寄せ鱈子［冷］

鮟肝緑餡掛［温］

海老糝薯 若菜餡掛［温］

梅花博多のし梅［常温］

二月は依然として寒さが厳しい時期ですが、一方で草木の芽吹きの兆しを感じる季節でもあります。緑の皿の上に、梅花や残雪に見立てた寄せ物を盛り、雪の白と草木の緑が混在する二月の季節を表わしました。

温かい蒸し物は、深めの器に盛って、一番奥に配しています。

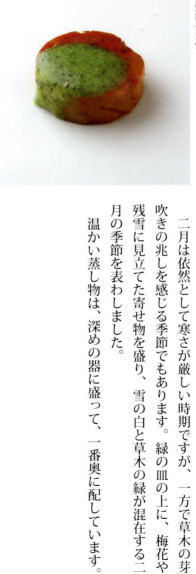

蛤雪花菜寿し［温＋冷］

オカラに甘酸っぱい味をつけて寿し飯とし、ハマグリの殻に盛りました。上にのせたハマグリは温かくしてお出しします。

ハマグリ、昆布、煮汁（味醂5：日本酒1：醤油1）、木ノ芽
雪花菜寿し（オカラ400g、ハマグリだし100cc、酢40cc、砂糖大さじ2、塩1つまみ）
ショウガ（みじん切り）1片、ニンジン（みじん切り）1／2本、なます酢（↓233頁）

❶ 殻つきのハマグリを鍋に入れ、浸るくらいの水と昆布を入れて火にかける。殻が開いたらザルに上げて、身を殻からはずしておく。
❷ 雪花菜寿しをつくる。オカラは細目の水のうに入れ、水を入れたボウルの中でよくもむ。水の中のオカラをフキンで漉して絞る。
❸ ❷を200g取り分けて鍋に入れ、❶のハマグリだし、酢、砂糖、塩で味をつけて木杓子で練り上げて寿し飯とする。
❹ ショウガは熱湯にくぐらせてザルに上げる。ニンジンは2％の塩水（分量外）に浸け、しんなりしたらザルに上げる。それぞれをなます酢に30分間浸ける。
❺ ハマグリの煮汁を合わせて火にかけ、気泡が大きくなるまで中火で煮詰め、❶のハマグリを入れてからめ、叩いた木ノ芽を混ぜる。
❻ ❸の寿し飯に❹のショウガとニンジンを適量ずつ合わせ、シャリのようににぎって殻に盛る。上に熱い❺のハマグリをのせる。

鮟肝緑餡掛［温］

餡に使ったセロリの香りと苦みでアンキモの脂がとても食べやすくなります。

アンキモ500g、塩水（2％濃度）、煮汁（味醂6：日本酒6：醤油1）、ショウガ（繊切り）
緑餡（セロリ50g、全粥200g、水15cc、塩小さじ1）

❶ アンキモはスジと血管を包丁で除き、塩水に30分間浸けて血を抜き、下味をつける。
❷ 指で軽く押すようにしてアンキモの血を抜き、水気をしっかりとふき取る。
❸ 巻簾にラップフィルムを敷いて❷のアンキモをのせ、手前から巻く。ラップの片側をねじり、もう片側はアンキモの形を調節しながら空気を抜いてねじる。
❹ 巻簾を輪ゴムで留め、蒸し器で20分間蒸す。1cm厚さに切って鍋に並べ、煮汁を半分の高さまで注ぐ。火にかけてからめ、最後にショウガを加える。
❺ 緑餡をつくる。セロリの葉を熱湯でゆで、すり鉢でペースト状にする。ここに粥と水を加えてのばし、塩で味を調えてアンキモに掛ける。

寄せ鱈子 ［冷］

梅の花に降り積もった雪を細かく叩いたナガイモで表現しました。タラコの赤色によく映えます。

タラコ400g、昆布だし200cc、粉ゼラチン15g
ナガイモ100g

❶ タラコは薄膜をはずしてほぐしておく。
❷ 鍋に昆布だしを入れて火にかけ、一煮立ちしたら火からおろして、水で戻した粉ゼラチンを溶かして粗熱をとる。
❸ ほぐしたタラコを❷に混ぜて、流し缶に流す。
❹ ❸がだいたい固まったら、タラコの上に細かく叩いたナガイモを平らにのせて冷やし固める。包丁で角に切り出す。

海老糝薯 若菜餡掛 ［温］

春を意識して「若菜」としました。まだ肌寒い季節ですから、温かい蒸し物を一品用意します。

海老糝薯（芝エビ300g、すり身100g、みじん切りの玉ネギ100g、玉子の素大さじ2→232頁、水150cc、薄口醤油10cc）
若菜餡（だし250cc、薄口醤油10cc、水溶き片栗粉適量、ホウレンソウ1／4束）

❶ 海老糝薯をつくる。芝エビは頭と背ワタをとって殻をむき、塩水で洗う。水気をふいて包丁で粗めに叩く。
❷ ❶をすり鉢に移してすり身をすり混ぜる。玉子の素を混ぜ、玉ネギ（さっと湯通しする）を合わせる。水と薄口醤油を加えてよく混ぜる。
❸ ❷を器に入れ、蒸し器で8～10分間蒸す。
❹ 若菜餡をつくる。だしを熱し、薄口醤油で味をつけ、水溶き片栗粉でとろみをつける。ゆでたホウレンソウをすり鉢ですり潰し、餡に混ぜる。蒸し上げた❸に掛ける。

梅花博多のし梅 ［常温］

冬に出回る新物の酒粕とのし梅を重ね合わせました。両者は相性のよい組合せです。梅の季節なので梅花型で抜きました。

のし梅
酒粕（板）
小麦粉、天ぷら衣（小麦粉、水、クチナシの実、卵黄）、揚げ油

❶ 酒粕をクッキングシートで挟んで麺棒を転がしてのす。酒粕の間にのし梅を挟む。
❷ 濃いめに溶いた天ぷら衣を用意する。衣を溶く水に、クチナシの実を煮出した水を加えて色をつける。❶に小麦粉をまぶし、天ぷら衣にくぐらせて、170℃の揚げ油で揚げて油をきる。
❸ 粗熱がとれたら、梅花型で抜く。

前菜は丸皿に盛りつけたので、組肴は楕円形の長い器を用意しました。横に流れるような盛りつけです。

花札写しの豆皿を用いて盛り、「梅に鶯」の図柄を見せて、季節感を出しました。

灰釉小判皿

二月［組肴］②

帆立 青大豆 独活みぞれ［冷］

この子糸目椎茸［温］

文銭巻［温］

南京管月冠［温］

蛸白扇揚［温］

姫甘藍 酒盗のせ［冷］

器
豆皿 花札写

帆立 青大豆 独活みぞれ ［冷］

青大豆は節分の「豆まき」にかけています。2度ゆでこぼしておくと、長時間煮なくてすむためマメの味を生かせます。大根のかわりに出始めのウドをすってみぞれとしました。

ホタテガイ
青大豆
独活みぞれ（土佐酢→233頁、ウド）

❶ 青大豆は水で洗って、一晩浸水させておく。鍋に移して火にかけてゆでこぼす。ふたたび鍋に戻して水から火にかけてゆでこぼし、水気を抜く。
❷ ホタテガイは殻から取り出して肝を除き、側面についているかたい部分（ホシ）をはずして塩水で洗う。
❸ 水気をふき、手で4〜6等分に割る。柔らかく加熱するために、65℃の湯に20秒間浸けて冷水にとって水気をきる。
❹ 独活みぞれをつくる。土佐酢をボウルに入れて、ウドをすりおろしながら加える。すぐに褐変するので注意。
❺ 独活みぞれで青大豆とホタテを和える。

文銭巻 ［温］

中に四角い穴が開いている文銭に見立てて、蓬麩を豚肉で巻いて焼きました。

豚バラ肉（薄切り）、蓬麩、小麦粉
*焼ダレ（醤油500cc、味醂500cc、ザラメ糖200g）、フキノトウ

*鍋に材料の調味料を合わせて火にかけ、ザラメ糖を溶かしておく。

❶ 蓬麩は縦に切って、四角い棒状に切り整える。
❷ 豚肉を並べて蓬麩を巻いて小麦粉をまぶし、フライパンで焼いて全面に焼き色をつける。
❸ 焼き色がついたら焼ダレを入れてからめ、仕上げに刻んだフキノトウを加える。
❹ 小口から切り、上にフキノトウをのせる。

蛸白扇揚 ［温］

最近低温調理という調理法を耳にしますが、白扇揚は昔から伝わる低温調理といってもいいでしょう。泡立てた卵白を色づけないように低温で揚げ、雪に見立てました。

タコ、片栗粉
卵白、揚げ油、塩

❶ タコは薄くそぎ切りにして片栗粉をまぶす。クッキングシートで挟み、麺棒で叩いてのばす。
❷ 卵白を8分立てくらいに泡立てて❶のタコをくぐらせ、160℃の油で色づかないように揚げる。
❸ 油をきり、塩をふる。

この子糸目椎茸 [温]

ナマコの卵巣を干してつくったコノコ(クチコともいう)を細く裂き、細かい切り目を入れたシイタケで巻きました。細かくスジが入る料理に「糸目」と名づけることがあります。

コノコ
シイタケ
醤油

❶ コノコはシイタケの大きさに合わせて切り、さっとあぶって手で細く裂く。
❷ シイタケの傘側に細かく包丁目を入れ、❶のコノコを巻いて楊枝で留め、網で焼く。
❸ 火が通ったら、醤油を一刷毛塗ってこうばしくあぶる。

南京管月冠 [温]

カボチャを丸く抜き、中にウナギを詰めて価値を高めました。ウナギとの相性を考え、カボチャは甘く煮ないで蒸し上げています。

カボチャ
ウナギ
蒲焼きのタレ(醤油200cc、味醂200cc、ザラメ糖100g)

❶ ウナギは蒲焼きにする。背開きにし、串を打って15~20分間蒸したのち、焼き台で焼く。タレかけは3回。1回目で焼き目をつける。2回、3回で味をのせていく。焼けたら細く切る。
❷ カボチャは丸く抜き、さらに中心を丸く抜く。中火の蒸し器で7~8分間蒸す。
❸ カボチャの中心に❶のウナギを射込む。一口大に切り出す。

姫甘藍 酒盗のせ [冷]

芽キャベツは姫甘藍(ひめかんらん)、あるいは子持甘藍(こもちかんらん)と呼ばれ、冬に出回ります。

芽キャベツ
酒盗

❶ 芽キャベツは縦半分に切り、熱湯でゆでて冷水にとり、水気をきる。
❷ ドーム型の上に十文字に切り目を入れて花のつぼみに見立て、酒盗をのせる。

本書で使用した

たれ、衣、合せ調味料、その他

●天ぷら衣

小麦粉　100g
水　200cc
卵黄　1個分

水と卵黄（卵水）をよく混ぜる。ここに小麦粉を加えてざっくりと混ぜる。用途によって濃度を調節するとよい。薄衣ならば水分量を多くして薄くする。

●昆布立て

水　1リットル
昆布　5〜10g
塩　15g

昆布だしに塩を加えたもので、浸け地として味をなじませるときに用いる。材料をすべて鍋に入れて火にかけ、一煮立ちしたら冷ましておく。塩の濃度は用途に応じて調節する（1.5%〜3%）。

●青寄せ

ホウレンソウ

ホウレンソウの葉をすり潰し、水を注いで漉し、その漉し汁を火にかけて沸騰させる。浮いてきた色素をすくいとったもの。合せ味噌や和え衣の色づけ用に用いる。

●寿し飯

米　1升
寿し酢（酢180cc、砂糖120g、塩50g）

米を炊き、熱いうちに寿し酢（材料をよく混ぜて溶かしておく）を切り混ぜて冷ます。1合のご飯ならば36ccの寿し酢が適量。ちなみに1合の寿し飯は300gの重量がある。握り寿司用の寿し酢は酢180cc、砂糖90g、塩75g。

●芋寿し

ヤマトイモ（蒸して細目で裏漉ししたもの）500g
卵黄　2個分
酢　100cc
砂糖　100g
塩　1つまみ

鍋にヤマトイモ、卵黄、酢、砂糖を入れて中火にかけ、木ベラで絶えずかき混ぜながら練る。水分が飛んで全体がもったり重たくなってきたら、塩で味をつけ、バットに広げて冷ます。

●玉子の素

卵黄　1個分
サラダ油　120cc

卵黄を泡立て器で溶きほぐし、サラダ油を少しずつ加えてすり混ぜてマヨネーズ状にする。

●薄焼き玉子

全卵　2個
卵黄　1個分
薄口醤油　2.5cc
砂糖　大さじ1／2

ボウルに材料をすべて入れて混ぜ合わせ、漉しておく。温めたフライパンに卵液を少量薄く流し、卵がふつふつしてきたら裏返して、さっと焼いて取り出す。焼き色をつけないこと。

●卵の花（雪花菜）和え衣

オカラ　300g
砂糖　大さじ2
酢　10cc
塩　少量

❶ オカラは目の細かい水のうに入れ、水の中で漉す。水に流れ出たオカラをサラシで漉し取って、水気をしっかり絞る。
❷ ボウルに移して湯煎にかける。4〜5本束ねた割箸でオカラがふんわりほぐれるまで煎る。
❸ 1時間ほど煎って水気がほどよく飛んだら、塩、砂糖、酢を加えて下味を薄くつけて冷ます。

［合せ酢］

●土佐酢

だし　3
酢　2
薄口醤油　1
味醂　1

材料をすべて合わせて火にかけて一煮立ちさせ、火を止めて冷ます。

●甘酢

水　60cc
酢　60cc
砂糖　15g
塩　適量

材料をすべて合わせて火にかけて一煮立ちさせ、火を止めて冷ます。

●加減酢

だし　7
薄口醤油　1
酢　1
カツオ節

材料をすべて合わせて火にかけて一煮立ちさせ、火を止めて漉して冷ます。

●なます酢

だし　3
酢　2
味醂　1
塩　0.1

材料をすべて合わせて火にかけて一煮立ちさせ、火を止めて冷ます。

●吉野酢

だし　3
酢　2
味醂　1
薄口醤油　1
水溶き片栗粉　適量

だし、酢、味醂、薄口醤油を合わせて火にかけて一煮立ちさせ、水溶き片栗粉を加えて適度なとろみをつけて冷ます。用途によって濃度を変えること。

●松前酢

昆布だし　150cc
酢　100cc
味醂　50cc
薄口醤油　50cc

昆布だしに酢、味醂、薄口醤油を合わせて火にかけて一煮立ちさせ、火を止めて冷ます。

●黄味酢

卵黄　3個分
薄口醤油　5cc
酢　15cc
砂糖　大さじ1

ボウルに材料をすべて入れて湯煎にかけ、とろみがつくまで泡立て器で攪拌する。火を止めて冷ましたのち漉す。

●黄味辛子

卵黄　3個分
酢　15cc
砂糖　大さじ1
薄口醤油　5cc
和辛子　適量

ボウルに卵黄、酢、砂糖、薄口醤油を合わせて湯煎にかけ、泡立て器で絶えずかき混ぜてマヨネーズ状にする。とろみがついてきたら火からはずし、冷まして漉し、和辛子を混ぜる。

［玉味噌］

●白玉味噌

白味噌　200g
卵黄　1個分
日本酒　30cc
味醂　30cc

鍋に材料をすべて入れて混ぜ合わせ、中火にかけて練る。ふつふつと沸いて、卵黄がなじんでつややかになったらでき上がり。冷蔵庫で1週間日持ちするが徐々に風合いがなくなる。

●田舎玉味噌

田舎味噌　200g
卵黄　1個分
砂糖　45g
日本酒　30cc
味醂　30cc

つくり方は玉味噌に準ずる。鍋に材料をすべて入れて混ぜ合わせ、中火にかけて練る。ふつふつと沸いて、卵黄がなじんでつややかになったらでき上がり。冷蔵庫で1週間日持ちするが徐々に風合いがなくなる。

●**赤玉味噌**
赤味噌（八丁味噌）　１００g
卵黄　１個分
砂糖　65g
味醂　15cc
胡麻油　15cc

つくり方は白玉味噌に準ずる。鍋に材料をすべて入れて中火にかけ、ふつふつと沸いて、卵黄がなじんでつやつやかになったらでき上がり。冷蔵庫で1週間日持ちするが徐々に風合いがなくなる。

［餡］

●**銀餡**
だし　２００cc
塩　小さじ１／４
薄口醤油　小さじ１／４
日本酒　小さじ１／４
水溶き片栗粉（または葛粉）　適量

だし、薄口醤油、日本酒を鍋に合わせて火にかけ、一煮立ちしたら水溶き片栗粉を加えてとろみをつける。濃度は必要に応じて適宜調整する。

●**べっこう餡**
だし　6
醤油　1
味醂　0.5
カツオ節　適量
水溶き片栗粉（または葛粉）　適量

だし、醤油、味醂、カツオ節を合わせて火にかけ、一煮立ちさせて漉す。これを火にかけ、水溶き片栗粉を加えてとろみをつける。

［焼ダレ］

●**照りダレ**
味醂　1リットル
醤油　1リットル
ザラメ糖　６００g
焼いた魚の骨、あるいは鶏ガラなど適量

すべての材料を鍋に合わせて火にかけ、2割ほど煮詰める。

［アク抜き］

アク抜きには大根おろし汁1、水1、塩（上記の合計量の1％）を使う。

●**タケノコのアク抜き**
タケノコ
大根おろし汁　1リットル
水　1リットル
塩　20g

タケノコは皮をむいて用途に応じて切り、大根おろし汁、水、塩を合わせた中に2～3時間ほど浸けてアク抜きをする。これを一度ゆでこぼして用いる。

●**ワラビのアク抜き**
ワラビ
A（大根おろし汁1リットル、水1リットル、塩20g）、灰アク
B（水1リットル、重曹大さじ1、塩大さじ1）

❶　ワラビはAを合わせた中に2～3時間浸けてアクを抜く。水気をきって灰アクをまぶす。
❷　鍋にBを入れて❶のワラビを入れ、火にかけて沸いたら1分間ほどゆでて冷水にとる。ゆで汁を別にして冷ます。
❸　ゆで汁が冷めたら、ワラビを戻して2時間ほど浸ける。

●**青サンショウのアク抜き**
青サンショウ
大根おろし汁　1リットル
水　1リットル
塩　20g

❶　青サンショウは大根おろし汁、水、塩を合わせた中に一晩浸ける。
❷　翌日新しい大根おろし汁に浸けかえて一晩おいたのち水にさらす。
❸　鍋にたっぷりの水を入れて火にかけ、ゆでこぼしてアクを抜く。

●**イワタケのアク抜き**
イワタケ
大根おろし汁　1リットル
水　1リットル
塩　20g

❶　大根おろし汁、水、塩を合わせた中にイワタケを2～3時間浸けてアク抜きをする。
❷　鍋に移して火にかけ、一煮立ちしたらザルにとって水気をきる。
❸　アクがなくなるまで、何度かゆでこぼす。

材料別料理 さくいん

●魚介

●野菜・その他

●肉・卵・乳製品

野﨑洋光（のざき・ひろみつ）

1953年、福島県石川郡古殿町生まれ。武蔵野栄養専門学校を卒業後、東京グランドホテルの和食部に入社。5年の修業を経て八芳園に入社する。1980年、東京・西麻布「とく山」の料理長に就任。1989年、「とく山」から歩いて2〜3分の場所に「分とく山」を開店し、総料理長となる。2003年、南麻布に移転。その後2018年、同敷地内に新築したビルに移る（住所、電話番号は変更なし）。

おもな著書には『魚調理のこつ』『図解魚のさばき方』『新味新鮮 魚料理』『野菜料理 前菜からデザートまで』『献立必携 日本料理秘伝帳』『完全理解 日本料理の基礎技術』『日本料理 材料別献立便利帳』『日本料理 味つけ便利帳』『野﨑さんのおいしいかさ増しダイエットレシピ』（すべて柴田書店）、『美味しい方程式』『さらに美味しい方程式』（すべて文化出版局）、『和のおかず決定版』（世界文化社）、『池波正太郎の江戸料理を食べる』（朝日新聞出版）、『野﨑洋光の縁起食』（桜雲社）などがあり、1年に5〜6冊のペースで出版する。このほかテレビや雑誌などにも多数登場。古くからの日本の食文化にも造詣が深い。日本料理の伝統を守りつつ、つねに時代に即した新しい調理技法を日々追求している。

分とく山（東京都港区南麻布5-1-5　電話 03-5789-3838）

協力／福泉窯（佐賀県西松浦郡有田町赤坂丙2842-3　電話 0955-43-2251）

「分とく山」調理スタッフ一同

日本料理　前菜と組肴《くみざかな》

初版発行●2015年12月10日
3版発行●2018年4月30日
著者©●野﨑洋光（のざき・ひろみつ）
発行者●丸山兼一
発行所●株式会社柴田書店
〒113-8477　東京都文京区湯島3-26-9 イヤサカビル
電話　営業部03-5816-8282（注文・問合せ）
　　　書籍編集部03-5816-8260
http://www.shibatashoten.co.jp

印刷・製本　凸版印刷株式会社

ISBN 978-4-388-06223-2
Printed in Japan